Anne Frank Haus Amsterdam (Hrsg.)

»Alle Juden sind ...«

50 Fragen zum Antisemitismus

Verlag an der Ruhr

Impressum

Titel der niederländischen Originalausgabe:
vijftig vragen over antisemitisme

© der niederländischen Originalausgabe:
Anne Frank Haus, Amsterdam 2005

Titel der deutschen Ausgabe:
„Alle Juden sind …"
50 Fragen zum Antisemitismus

Autor: Jaap Tanja (Anne Frank Haus, Amsterdam)

Titelbildmotiv: Jens Wolf

Übersetzung: Monika Götze

Bildrecherche: Milly Schloss

Redaktion: Wilfried Stascheit (Agentur Ratschlag und Bildung, Überlingen)

Druck: B.o.s.s Druck und Medien GmbH, Goch

Verlag: Verlag an der Ruhr
Alexanderstraße 54 – 45472 Mülheim an der Ruhr
Postfach 10 22 51 – 45422 Mülheim an der Ruhr
Tel.: 0208/439 54 50 – Fax: 0208/439 54 239
E-Mail: info@verlagruhr.de
www.verlagruhr.de

© der deutschen Ausgabe
Verlag an der Ruhr 2008
ISBN 978-3-8346-0408-8

Für Jugendliche ab 14 Jahre

Gedruckt auf chlorfrei gebleichtes Papier.

Die Schreibweise der Texte folgt der neuesten Fassung
der Rechtschreibregeln – gültig seit August 2006.

Inhaltsverzeichnis

Vorwort 7

Fragen zu Juden und Judentum

Wer ist jüdisch? 10

Wie viele Juden gibt es weltweit? 13

Sind die Juden ein Volk? 17

Sind Juden eine Rasse? 19

Kann man jüdisches Blut haben? 23

Sind Juden Semiten? 25

Warum leben Juden auf der ganzen Welt verstreut? 26

Wie viele Juden lebten und leben in Deutschland? 29

Wieso leben so viele Juden in den Vereinigten Staaten? 31

Fragen zur Geschichte des Antisemitismus

Gibt es eine Standarddefinition von Antisemitismus? 40

Woher kommt das Wort „Antisemitismus“? 43

Wie ist das Wort „semitisch“ entstanden? 45

Gibt es Semitismus oder Pro-Semitismus? 47

Wie lange gibt es Antisemitismus? 48

Welche antisemitischen Mythen und Legenden waren am weitesten verbreitet? 53

Woher stammen die wirtschaftlichen Stereotypen über Juden? 58

Woher kommt die Vorstellung von der jüdischen Weltverschwörung? 62

Gibt es die „mächtige jüdische Lobby“ wirklich? 64

Beherrschen die Juden die Wall Street und Hollywood? 67

Sind alle Juden reich? 71

Fragen zu Juden, Christen und Muslimen

Bestand immer eine Feindschaft zwischen Juden und Christen? 74

Sind Juden und Muslime immer miteinander verfeindet gewesen? 78

Hatten Juden unter muslimischer Herrschaft mehr Rechte als unter christlicher? 80

Ist das Neue Testament antisemitisch? 82

Warum wurden Juden von vielen Christen als Gottesmörder angesehen? 85

Sind Katholiken schon immer judenfeindlicher gewesen als Protestanten? 88

Was sagt der Koran über Juden? 90

Warum haben viele Juden im Laufe der Jahrhunderte ihren Glauben geändert? 94

Gibt es derzeit einen islamischen Antisemitismus? 100

Inhaltsverzeichnis

Noch mehr Geschichte

War Deutschland bereits vor dem Zweiten Weltkrieg besonders antisemitisch? ... 106

Wie tolerant waren die Österreicher gegenüber den Juden vor dem Zweiten Weltkrieg? ... 108

Warum haben vor dem Zweiten Weltkrieg so viele Juden in Polen gewohnt? ... 111

War die Türkei in der Vergangenheit tolerant gegenüber Juden? ... 113

Die Beziehung von Holocaust und Schoah

Was versteht man unter den Begriffen Holocaust und Schoah? ... 118

Welcher Zusammenhang besteht zwischen Antisemitismus und Schoah ... 124

Gibt es Unterschiede zwischen den antisemitischen Ideen Hitlers und früheren Formen des Judenhasses? ... 127

Hasste Hitler auch andere so genannte Semiten? ... 131

War die Schoah einzigartig? ... 135

Ist eine Leugnung des Holocaust möglich? ... 139

Fragen zu Israel und dem Mittleren Osten

Was versteht man unter Zionismus? ... 144

Was ist der Zusammenhang von Zionismus und Antisemitismus? ... 148

Ist Zionismus eine Form des Kolonialismus? ... 150

Ist Zionismus eine Form von Rassismus? ... 153

Ist der Konflikt zwischen Israel und den Palästinensern ein religiöser Konflikt? ... 157

Macht Israel mit den Palästinensern dasselbe wie die Nationalsozialisten mit den Juden? ... 161

Ist der Vergleich von Juden mit Nationalsozialisten antisemitisch? ... 163

Ist Kritik an Israel antisemitisch? ... 166

Zu guter Letzt

Woran merkt man, ob Antisemitismus zunimmt? ... 170

Was versteht man unter dem „neuen Antisemitismus“? ... 172

Wie sieht es mit Antisemitismus in Deutschland aus? ... 176

Glossar ... 179

Bildnachweis ... 182

Verwendete Literatur ... 183

Literatur & Linktipps ... 184

Vorwort

„Fragen zu stellen, ist ein lebensnotwendiger Vorgang, um ein vollwertiges Leben zu führen – selbst wenn die Antworten nicht begreiflich sind."

Ellie Wiesel

Antisemitismus gibt es immer noch. Weltweit spricht man – circa 60 Jahre nach Ende des Zweiten Weltkrieges – sogar wieder von einer Zunahme. In vielen europäischen Ländern ist die Zahl der gewalttätigen antijüdischen Straftaten Besorgnis erregend hoch, wobei die Täter nicht nur aus rechtsextremen Kreisen stammen, wie man vielleicht anfangs vermuten würde. Durch den nahezu unlösbaren Konflikt zwischen Israel und den Palästinensern drücken einige muslimische Jugendliche ihre Solidarität mit den Palästinensern durch Hass auf alles, was jüdisch ist, aus.

Antisemitismus, so hat uns die Vergangenheit gelehrt, ist mehr als Gewalt gegen Juden und jüdische Einrichtungen. Über Juden gibt es seit Jahrhunderten unzählige irrationale Vorstellungen: Sie seien Infiltranten, Wucherer und Christusmörder. Diese und andere Wahnvorstellungen existieren noch heute, vor allem – aber nicht ausschließlich – in der arabischen Welt. Viele dieser antijüdischen Stereotype haben tiefe Wurzeln in der europäischen Geschichte und scheinen unauflöslich zu sein.

„Alle Juden sind … 50 Fragen zum Antisemitismus" versucht, dem Leser mit Hilfe von Fragen und Antworten Einsicht in das komplexe Problem des Antisemitismus zu geben. Das Buch ist keine wissenschaftliche Übersicht der jahrhundertealten Geschichte des Antisemitismus, sondern ein Buch, in dem knapp und konzentriert historisches Wissen präsentiert wird. Dabei wird schwierigen und unangenehmen Fragen nicht aus dem Weg gegangen, aber auch simple Fragen werden behandelt – denn gerade die einfachen Fragen sind oft schwer zu beantworten, und einige Fragen verdienten eine viel ausführlichere Antwort, als es in diesem Buch möglich war.

Das vorliegende Buch verfolgt in erster Linie ein pädagogisches Ziel: Wir möchten den Leser einladen, sich Gedanken zu machen, selbst Fragen zu stellen und selbst Antworten zu finden. Aufklären und Informieren sind die besten – und vielleicht einzigen – Wege, Antworten auf die Frage zu finden, was man gegen Antisemitismus tun kann. Antisemitismus ist ein emotional hochgradig geladenes Thema. Wo es notwendig ist, bezieht der vorliegende Titel eindeutig Stellung; wo es angebracht ist, versucht er, zu differenzieren und verschiedene Positionen aufzuzeigen.

Das Anne Frank Haus ist ein Museum, das jedes Jahr von hunderttausenden Menschen aus der ganzen Welt besucht wird.
Es ist jedoch mehr als nur ein historisches Museum, denn es entwickelt eine Vielzahl von pädagogischen Projekten zur Förderung des Zusammenlebens und des gegenseitigen Respekts innerhalb der Gesellschaften. Der Kampf gegen Antisemitismus ist Teil davon.

Das Existenzrecht des Staates Israel ist in den Statuten des Anne Frank Hauses aufgenommen. Die Gründungsgeschichte des Staates Israel ist, genau wie die unserer Stiftung, untrennbar mit der Geschichte des Antisemitismus verbunden. Das bedeutet jedoch nicht, dass Kritik an der Politik Israels ausgeschlossen ist. Einige Fragen des vorliegenden Buches behandeln das Problem der Grenzziehung zwischen berechtigter und akzeptabler Kritik an der Politik Israels, beziehungsweise inakzeptabler Kritik.

Einige Abbildungen in diesem Buch können eventuell schockierend sein – sie werden hier bewusst gezeigt, weil man diesen schockierenden Ereignissen und den darin enthaltenen verwerflichen Vorstellungen nur mit offenen Augen entgegentreten kann, um sie wirkungsvoll bekämpfen zu können.

Ich habe die Hoffnung und Erwartung, dass dieses Buch zu mehr Wissen über Antisemitismus und dessen Geschichte beiträgt und damit richtungsweisend für die Frage ist, wie heutzutage gegen Antisemitismus vorgegangen werden kann.

Hans Westra

Direktor, Anne Frank Haus, Amsterdam

ANNE FRANK ZENTRUM

Das Anne Frank Zentrum in Berlin ist die deutsche Partnerorganisation des Anne Frank Hauses Amsterdam. Es bietet bundesweit Lehrerfortbildungen, Seminare und Workshops zum Thema Antisemitismus an.
In Berlin ist die ständige Ausstellung »Anne Frank. hier & heute« zu sehen. Für Schulklassen und Jugendgruppen werden dort Führungen und Projektveranstaltungen angeboten.

Nähere Informationen finden sie hier: www.annefrank.de

Die pädagogische Arbeit gegen Antisemitismus wird gefördert im Rahmen des Programms „VIELFALT TUT GUT. Jugend für Vielfalt, Toleranz und Demokratie“.

Bundesministerium für Familie, Senioren, Frauen und Jugend

VIELFALT TUT GUT.

Fragen 1 bis 9

Fragen zu Juden und Judentum

1. Wer ist jüdisch?
2. Wie viele Juden gibt es weltweit?
3. Sind die Juden ein Volk?
4. Sind Juden eine Rasse?
5. Kann man jüdisches Blut haben?
6. Sind Juden Semiten?
7. Warum leben Juden auf der ganzen Welt verstreut?
8. Wie viele Juden lebten und leben in Deutschland?
9. Wieso leben so viele Juden in den Vereinigten Staaten?

01 Wer ist jüdisch?

Die Klagemauer ist das bedeutendste Heiligtum der Juden. Täglich pilgern viele Juden aus aller Welt zur Klagemauer, um hier zu beten.

Die Antwort auf die Frage „Wer ist jüdisch?“ ist der Antwort auf die Frage „Was ist das Judentum?“ sehr ähnlich. In erster Linie ist das Judentum eine jahrhundertealte Religion. Aber das Judentum ist auch – genau wie das Christentum und der Islam – eine kulturelle Tradition. Außerdem sehen viele Juden sich selbst und andere Juden als Teil eines Volkes, des jüdischen Volkes. Deshalb ist die einfache Frage „Wer ist jüdisch?“ schwieriger zu beantworten, als es den Anschein hat. Es ist eine Frage, auf die verschiedene Antworten möglich sind. Nach der orthodoxen jüdischen Tradition ist jedes Kind einer jüdischen Mutter jüdisch. Außerdem ist jeder jüdisch, der gemäß einer Reihe fester Regeln und Rituale zum Judentum konvertiert ist. Bemerkenswerterweise ist also die Frage nach dem Glauben des Menschen von untergeordneter Bedeutung: Wer eine jüdische Mutter hat, ist immer jüdisch – egal, was er oder sie tut und was er oder sie auch glaubt. Man kann also jüdisch sein und gleichzeitig nicht gläubig.

Nicht religiöse Juden werden „säkulare Juden“ genannt. Viele bekannte Juden – von Albert Einstein bis Woody Allen – sind säkular. In Deutschland leben viele säkulare Juden, und auch im Staat Israel ist ein Großteil der jüdischen Einwohner nicht religiös. Innerhalb der jüdisch-religiösen Tradition gibt es verschiedene Strömungen.

Neben der orthodoxen ist die liberale Strömung am bekanntesten. In Israel sind die Orthodoxen in der Überzahl, aber beispielsweise in den USA gehört die Mehrheit der amerikanischen Juden zu einer der liberalen Gemeinden. Die Frage „Wer ist jüdisch?“ wird von Liberalen anders beantwortet als von Orthodoxen. Nach der liberalen Tradition kann auch das Kind eines jüdischen Vaters und einer nichtjüdischen Mutter jüdisch sein – vorausgesetzt, die Eltern geben zu erkennen, das Kind jüdisch erziehen

zu wollen. Darauf wird dann vom Rabbiner streng geachtet. In diesem Zusammenhang spricht man auch von „Vaterjuden". Ein weiterer Streitpunkt zwischen Liberalen und Orthodoxen dreht sich um die Bedeutung von Bekehrungen zum Judentum. In der orthodoxen Tradition sind die Vorschriften, konvertieren zu können, strenger.

Die Frage, wer jüdisch ist und wer nicht, hat auch eine praktische Bedeutung. Jeder Jude hat nach dem israelischen Gesetz das Recht, die Staatsbürgerschaft dieses Landes zu beantragen und zu erhalten. Wie gesagt: In Israel gelten die orthodoxen Vorschriften.

Thora und Bibel

Die jüdische und die christliche Religion stützen sich zwar auf dieselben Schriften, aber es gibt Unterschiede. Ein zentraler Bestandteil der jüdischen Bibel ist die Thora. In der orthodoxen Tradition des Judentums gilt, dass Moses auf dem Berg Sinai die Thora von Gott übergeben wurde; deshalb ist sie heilig und völlig unantastbar. Zur jüdischen Bibel gehören auch einige andere Schriften, darunter die Bücher der Propheten. Juden nennen ihre Bibel den Tenach – für Christen ist dies das Alte Testament.
Das Christentum ist aus dem Judentum hervorgegangen. Christen sehen in Jesus Christus den Sohn Gottes. Für Christen sind sein Leben, sein Leiden, sein Tod und seine Auferstehung die Erfüllung der jüdischen Offenbarung. Für gläubige Juden gilt das Neue Testament, in dem die Geschichten vom Leben Jesu Christi im Mittelpunkt stehen, nicht als Teil ihrer Bibel.

Das Wort „Jude"

Das Wort „Jude" ist vom Namen Juda abgeleitet, in der Thora einer der zwölf Söhne Jakobs (der später in der Thora den Namen Israel bekommt). Juda war der Stammvater von einem der zwölf Stämme Israels. Nach dem Tod König Salomos wurde das Land zweigeteilt: in ein nördliches Königreich Israel und ein südliches Königreich Juda. Im siebten Jahrhundert vor Christus eroberten die Assyrer das Königreich Israel, und die Bevölkerung wurde deportiert. Dies ist der Anfang der Diaspora (Zerstreuung) des jüdischen Volkes (siehe Frage 7). Die Babylonier eroberten im fünften Jahrhundert vor Christus das Königreich Juda. Die Nachkommen Judas nannten sich – und wurden auch von anderen so bezeichnet – Yehudim, Juden. Im Tenach, dem Alten Testament, wird der Begriff „Juden" erst in den letzten Büchern verwendet; davor wurden Juden als „Kinder Israels" bezeichnet.

02 Wie viele Juden gibt es weltweit?

Wie viele Juden es weltweit gibt, hängt natürlich eng mit der Frage zusammen, wer Jude ist. Demografen in Israel gehen von beinahe 13 Millionen Juden aus, die über die ganze Welt verstreut leben. Die Vereinigten Staaten sind das Land mit der größten jüdischen Gemeinschaft (5,3 – 5,9 Millionen, je nachdem, wer dazugerechnet wird). Im Staat Israel leben fast ebenso viele Juden (5,1 Millionen). Zusammen bilden sie 80 Prozent der jüdischen Gemeinschaft weltweit. Vor dem Zweiten Weltkrieg war Europa der Kontinent, in dem die meisten Juden lebten – derzeit sind es nur noch 1,5 Millionen. Diese Zahl ist jedoch umstritten, da vor allem in den Ländern der ehemaligen Sowjetunion (also in Russland, der Ukraine, Weißrussland) die Schätzungen extrem schwanken: nämlich von 450 000 bis zu 1,3 Millionen. In Deutschland leben laut Schätzung des Zentralrats der Juden rund 105 000 Juden.

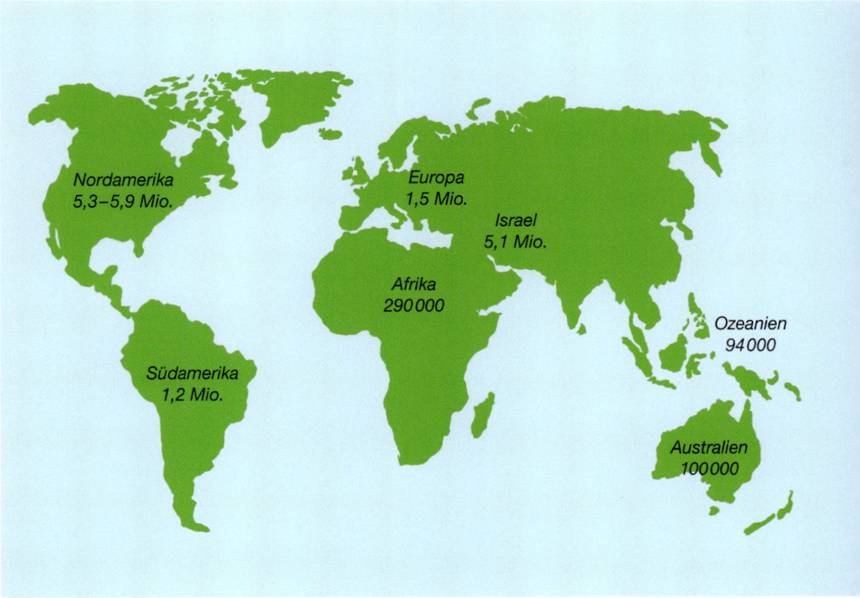

Vor dem Zweiten Weltkrieg lebte der größte Teil der jüdischen Weltbevölkerung in Europa. Heute lebt die Mehrheit der Juden in den Vereinigten Staaten und in Israel.

Israelische Demografen beobachten sorgenvoll eine Reihe von Entwicklungen, die auf längere Sicht negative Folgen haben könnten. Seit dem Zweiten Weltkrieg ist die Zahl der Juden weltweit um nur 2 Millionen gestiegen. Weiterhin ist in den letzten 30 Jahren die jüdische Gemeinschaft weltweit um nur 2 Prozent gewachsen, bei einer Wachstumsrate von 60 Prozent der gesamten Weltbevölkerung. Dies liegt nicht nur an der insgesamt gesunkenen Geburtenrate, sondern an einem grundsätzlich anderen Eheschließungsverhalten. Vor allem in den USA und Europa ist die Zahl der Mischehen und anderer Formen der Partnerschaft stark gestiegen. Mehr als 50 Prozent der amerikanischen und deutschen Juden heiraten zum Beispiel jemanden außerhalb der jüdischen Gemeinschaft (vor dem Zweiten Weltkrieg heirateten nur 7 Prozent der amerikanischen Juden einen Nichtjuden). Kinder aus Mischehen werden häufig nicht jüdisch erzogen.

Aus diesen Trends kann die Schlussfolgerung gezogen werden, dass der Fortbestand der jüdischen Gemeinschaft außerhalb Israels gefährdet ist. Man kann allerdings auch schlussfolgern, dass die Assimilation der Juden – eine Entwicklung, die in früheren Jahrhunderten von großen Teilen der jüdischen Gemeinschaft sehr befürwortet wurde – endlich Gestalt annimmt.

Noch mehr Zahlen

Innerhalb Westeuropas ist Frankreich das Land mit der größten jüdischen Gemeinschaft (500 000), aber ihre Zahl sinkt stetig. Dagegen ist die jüdische Gemeinschaft in Deutschland zahlenmäßig relativ klein. Sie ist jedoch in den letzten Jahren – vor allem auf Grund der Immigration aus Osteuropa – stark gewachsen. In Großbritannien leben etwa 300 000 Juden. Zwischen 1970 und 2000 hat sich die Zahl der Juden in Israel nahezu verdoppelt, in Australien ist sie um 50 Prozent, auf 100 000 gestiegen, in Lateinamerika um rund 10 Prozent (allein in Argentinien leben circa 400 000 Juden). In den meisten anderen Ländern sinkt jedoch die Zahl.

03 Sind die Juden ein Volk?

Die Frage, ob eine Gruppe Menschen zusammen ein Volk bildet, wird in erster Linie von den Menschen selbst beantwortet. Jahrhundertelang haben sich viele Juden aus unterschiedlichen Ländern mit ihren Glaubensgenossen, unabhängig ihrer Nationalität, verbunden gefühlt. Innerhalb der jüdischen Tradition ist immer von einem Volk die Rede gewesen. Jüdisch-Sein hat sowohl eine religiöse als auch eine historisch-kulturelle Komponente (siehe Frage 1), ist aber keine Nationalität. Juden wohnen in fast allen Ländern der Welt, und der allergrößte Teil hat die Nationalität des Landes, in dem er oder sie lebt. Weniger als die Hälfte der Juden weltweit wohnt im Staat Israel und hat eine israelische Nationalität. Wenn der Begriff „Volk“ als „eine Gruppe Menschen, die sich durch Tradition, Sprache, Kultur, Religion und Geschichte miteinander verbunden fühlen“ definiert wird, dann sollte man vielleicht besser von jüdischen Gemeinschaften sprechen, an Stelle von dem jüdischen Volk. Juden in Deutschland sprechen eine andere Sprache, haben eine andere Geschichte und zum Teil auch andere kulturelle und religiöse Traditionen als zum Beispiel Juden in Spanien oder in der Türkei. Früher sprachen viele Juden und Nichtjuden über die jüdische Gemeinschaft als „die jüdische Nation“. Damit wollten sie unter anderem deutlich machen, dass die Juden – genau wie alle anderen europäischen Völker auch – einen eigenen Staatsverband anstreben sollten. Mit der Gründung des Staates Israel im Jahre 1948 ging dieses Streben in Erfüllung.

„Die Judennase ist an ihrer Spitze gebogen. Sie sieht aus wie ein Sechser…"

04 Sind Juden eine Rasse?

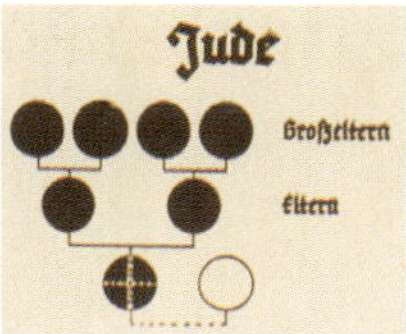

Ausschnitt aus den Nürnberger Gesetzen (1935), die das deutsche Volk in „Deutschblütige", „Mischlinge" und „Juden" aufteilen. Hier: Abstammung eines Juden.

Nein, Juden sind keine Rasse, denn es gibt keine unterscheidbaren menschlichen Rassen. Biologisch gesehen, gibt es nur eine Rasse: DIE menschliche Rasse. Die Vorstellung, dass Juden eine eigene Rasse bilden, hat eine bedeutende Rolle in der Entstehung des Holocaust gespielt. Die Vorstellung von der jüdischen Rasse basiert auf der Annahme, dass alle Juden weltweit „Rassekennzeichen" aufweisen, Kennzeichen, die biologisch und genetisch festgelegt und deswegen unveränderlich sind. Diese „Theorie" ist gefährlicher Unsinn. Die Rassenlehre und das Rassendenken entstanden im 18. Jahrhundert und basieren auf der Klassifikation von Linné (ein schwedischer Biologe, der von 1707 bis 1778 lebte), die er für Pflanzen und Tiere entwickelte. Ausgehend von äußeren Kennzeichen, wie zum Beispiel Hautfarbe, Haarstruktur oder Nasenform, kursierten in dieser Zeit noch viele Klassifikationen, eine absurder als die andere. Die Vierteilung in eine „weiße Rasse", eine „gelbe Rasse", eine „schwarze Rasse" und eine „rote Rasse" bildete dabei die wiederkehrende Basis. Diesen „Rassengruppen" wurden allerlei menschliche Eigenschaften angedichtet.

Es dauerte nicht lange, und die Behauptung der Ungleichheit tauchte auf: Einflussreiche europäische Wissenschaftler versuchten, die Überlegenheit ihrer eigenen Rasse, der weißen Rasse, zu beweisen. Vor allem im 19. Jahrhundert und in der ersten Hälfte des 20. Jahrhunderts war das Rassendenken in Europa weitverbreitet. Nahezu jeder – Arm und Reich, Konservativer und Sozialist, Christ und Jude – sprach bei Menschengruppen von Rassen. Manchmal wurde der Begriff „Rasse" neutral verwendet und bezeichnete eine „gleiche Art" oder „Blutsverwandtschaft". Das Rassendenken hat großen Einfluss auf die Berufs- und

Seite 18: *Dieses Bild stammt aus „Der Giftpilz", einem antisemitischen Bilderbuch für Kinder, das 1938 veröffentlicht wurde.*

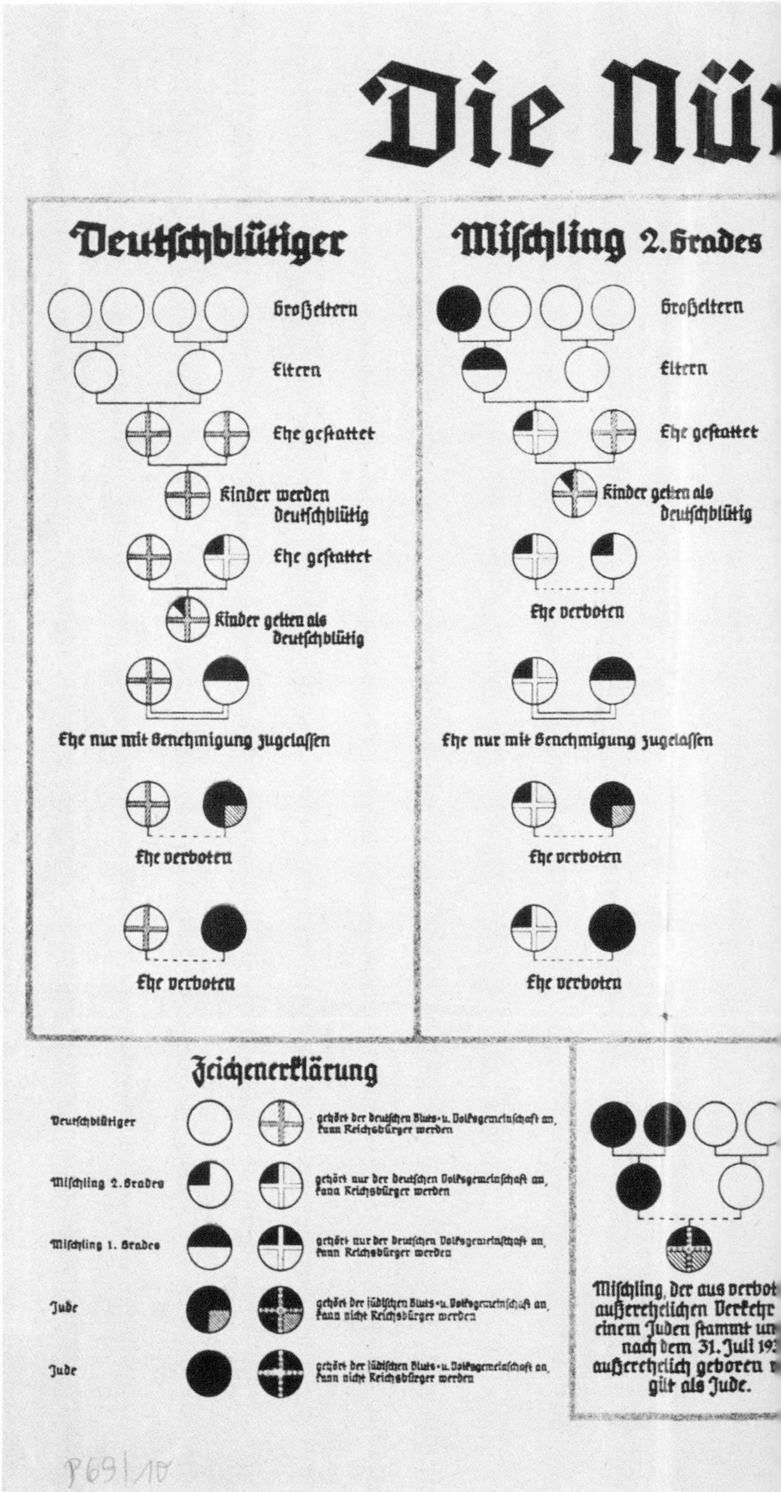

Das „Gesetz zum Schutze des Deutschen Blutes und der Deutschen Ehre“ aus den Nürnberger Gesetzen klassifizierte jüdische Bürger nach ihrer Abstammung und verbot so genannte „Mischehen“.

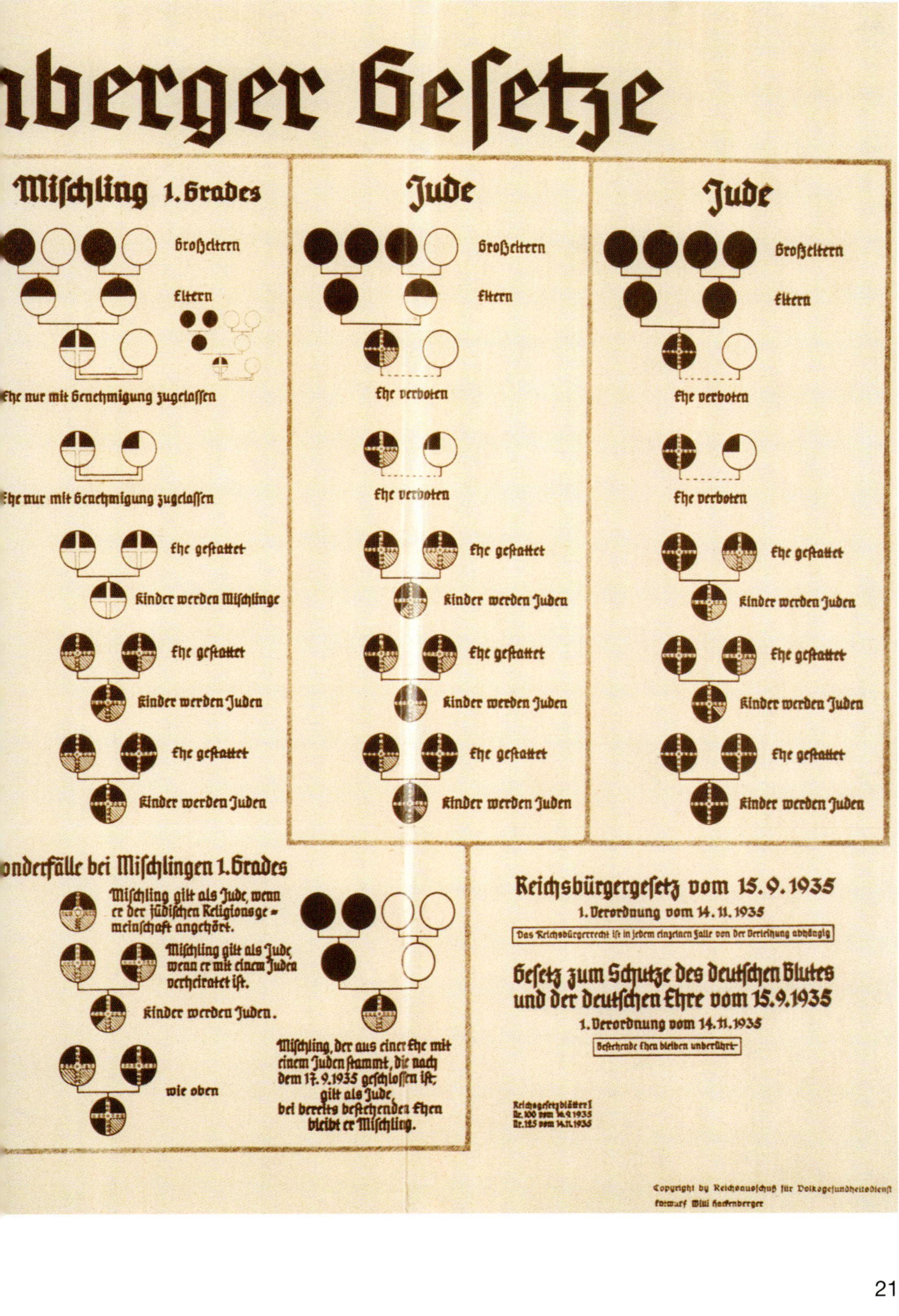

nberger Gesetze
Mischling 1. Grades
Großeltern
Eltern
Ehe nur mit Genehmigung zugelassen
Ehe nur mit Genehmigung zugelassen
Ehe gestattet
Kinder werden Mischlinge
Ehe gestattet
Kinder werden Juden
Ehe gestattet
Kinder werden Juden
Jude
Großeltern
Eltern
Ehe verboten
Ehe verboten
Ehe gestattet
Kinder werden Juden
Ehe gestattet
Kinder werden Juden
Ehe gestattet
Kinder werden Juden
Jude
Großeltern
Eltern
Ehe verboten
Ehe verboten
Ehe gestattet
Kinder werden Juden
Ehe gestattet
Kinder werden Juden
Ehe gestattet
Kinder werden Juden
onderfälle bei Mischlingen 1. Grades
Mischling gilt als Jude, wenn er der jüdischen Religionsgemeinschaft angehört.
Mischling gilt als Jude, wenn er mit einem Juden verheiratet ist.
Kinder werden Juden.
wie oben
Mischling, der aus einer Ehe mit einem Juden stammt, die nach dem 17.9.1935 geschlossen ist; gilt als Jude, bei bereits bestehenden Ehen bleibt er Mischling.
Reichsbürgergesetz vom 15.9.1935
1. Verordnung vom 14.11.1935
Das Reichsbürgerrecht ist in jedem einzelnen Falle von der Verleihung abhängig
Gesetz zum Schutze des deutschen Blutes und der deutschen Ehre vom 15.9.1935
1. Verordnung vom 14.11.1935
Bestehende Ehen bleiben unberührt
Reichsgesetzblätter I
Nr. 100 vom 16.9.1935
Nr. 125 vom 14.11.1935
Copyright by Reichsausschuß für Volksgesundheitsdienst
Entwurf Willi Hackenberger

Amateurwissenschaftler gehabt. Den einzelnen Rassen wurde eine Reihe von Persönlichkeitsmerkmalen zugeschrieben, was zu absurden und gefährlichen Ideen führte. Die Juden wurden von vielen als „reine“ Rasse angesehen, weil sie jahrhundertelang als eigenständige Gruppe, als eigenständige „Nation“, bestanden hatten. Nachdem die Nationalsozialisten diese Kategorisierung in den 1930er- und 1940er-Jahren des 20. Jahrhunderts benutzt hatten, um das Arische und das Semitische zu unterscheiden, war das Rassendenken sehr umstritten. Nach dem Zweiten Weltkrieg hat die Wissenschaft die Unbrauchbarkeit dieser Klassifikationen ausreichend bewiesen: Ein jüdisches Gen gibt es nicht; man kann über die DNS-Untersuchung keine Juden von Nichtjuden unterscheiden.

Rasse

„Rassenüberzeugungen sind Ausdruck der Mythen über die Unterschiede innerhalb der menschlichen Art und der Talente und Verhaltenweisen der Menschen, die in ‚rassischen‘ Kategorien zusammengefasst werden. In diesen Mythen werden menschliches Verhalten und physische Charakteristiken miteinander verbunden. Sie stehen einem Verständnis der biologischen Vielfalt sowie kulturellem Verhalten – beides ist angeblich genetisch verankert – im Weg. Rassische Mythen haben keinerlei Bezug zur Realität menschlichen Verhaltens oder menschlicher Pluralität. Wissenschaftler vertreten heutzutage die Einstellung, dass diese Art von Volksglauben über menschliche Unterschiede in der Vergangenheit zu zahllosen Fehleinschätzungen geführt hat.“
(Aus einer Erklärung zum Begriff „Rasse” des American Antropological Association Statement on Race, 17. Mai 1998.)

Klassifizierungs-modelle

„Rassische Klassifizierung in ihrer Gesamtheit ist kulturell bestimmt und basiert auf dem unglücklichen und traurigen Erbe des Rassenunterschiedes auf Grund der lächerlichen Metapher der Reinheit des Blutes. Man kann erkennen, dass man schwarze Vorfahren hat, weil man das sehen kann. Aber ist Tiger Woods schwarz? Ist Colin Powel schwarz? Colin Powel ist ebenso irisch wie afrikanisch, aber wir klassifizieren ihn nicht als solchen. Nein, bei der Klassifizierung von Menschen haben wir einen ziemlichen Schlamassel angerichtet. Es ist ein großer Fehler, anzunehmen, sie hätte etwas mit Biologie zu tun. Die Klassifizierung basiert schlichtweg auf dem Erbe von Rassismus und dem Mythos der Reinheit des Blutes. Sie ist ein sehr unangenehmes Thema.“ (Stephen Jay Gould (1941–2002), Hochschuldozent für Biologie an der Harvard University, im Interview mit dem Fernsehsender PBS.)

05 Kann man jüdisches Blut haben?

Bildausschnitt aus Albrecht Dürer „Der 12-jährige Jesus unter den Schriftgelehrten."

Nein, es gibt überhaupt kein jüdisches Blut. Nichtsdestotrotz hat die Vorstellung, das Blut eines Menschen würde auf die eine oder andere Weise zu seinem Charakter beitragen, tiefe Wurzeln in der europäischen Geschichte.

Heute wissen wir: Der Charakter und die Persönlichkeit jedes Menschen wird durch seine Gene und durch seine Erziehung bestimmt – nicht durch das Blut, das durch seine Adern fließt. Schon mindestens zwei Mal in der Geschichte hat die Suche nach „jüdischem Blut" zu verheerender Vertreibung und Ermordung von Juden geführt.
Im Spanien des 15. Jahrhunderts war die Lehre der „Reinheit des Blutes" (limpieza de sangre) eine mächtige Waffe gegen die so genannten conversos, die zum Christentum bekehrten Juden, oder „neuen" Christen, wie man sie auch nannte. Christen mit „jüdischem Blut" in den Adern liefen Gefahr, von der Inquisition verfolgt zu werden. Der Machtkampf zwischen den alten und neuen Christen endete 1492 mit der Vertreibung aller Juden aus Spanien und später auch aus Portugal. 450 Jahre später waren es die Nationalsozialisten, die davon überzeugt waren, dass jeder mit „jüdischem Blut" eine Gefahr für die Gesellschaft darstelle. Eine der Methoden, mit denen die Nazis meinten, feststellen zu können, ob jemand tatsächlich jüdisches Blut habe oder nicht, waren die berüchtigten Bluttests im Berliner Institut für Rassenforschung. Die Untersuchungen dieses Instituts zeigten auffallend oft, dass die Verwandtschaft zwischen jüdischen und nichtjüdischen Deutschen viel größer war als zwischen deutschen und französischen Juden. Die Verfolgung von deutschen und französischen Juden haben diese Ergebnisse nicht verhindert.

Die Nürnberger Gesetze

Die Nürnberger Gesetze wurden 1935 von den Nationalsozialisten auf ihrem Reichsparteitag verkündet. Diese Rassengesetze dienten dem Schutz des „deutschen Blutes“. Die Ehe oder Beziehung eines Deutschen mit einem Partner mit jüdischem oder „gemischtem“ Blut war verboten. Um herauszufinden, ob jemand jüdisches oder deutsches Blut hatte, wurde keine Blutprobe entnommen, sondern meistens nachgeforscht, bei welcher religiösen Gemeinschaft die jeweiligen Großeltern eingetragen waren. Die deutschen Kirchen haben vielerorts, ohne groß zu protestieren, bei dieser Registrierung mitgearbeitet.

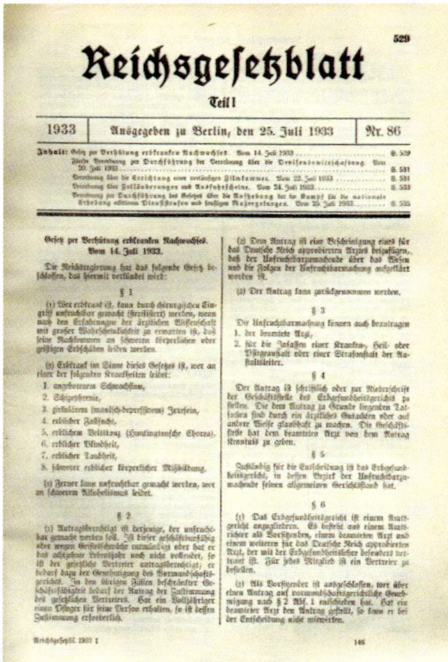

529

Reichsgesetzblatt

Teil I

1933	Ausgegeben zu Berlin, den 25. Juli 1933	Nr. 86

Inhalt: Gesetz zur Verhütung erbkranken Nachwuchses. Vom 14. Juli 1933 .... S. 529

Gesetz zur Verhütung erbkranken Nachwuchses. Vom 14. Juli 1933.

Die Reichsregierung hat das folgende Gesetz beschlossen, das hiermit verkündet wird:

§ 1

(1) Wer erbkrank ist, kann durch chirurgischen Eingriff unfruchtbar gemacht (sterilisiert) werden, wenn nach den Erfahrungen der ärztlichen Wissenschaft mit großer Wahrscheinlichkeit zu erwarten ist, daß seine Nachkommen an schweren körperlichen oder geistigen Erbschäden leiden werden.

(2) Erbkrank im Sinne dieses Gesetzes ist, wer an einer der folgenden Krankheiten leidet:

1. angeborenem Schwachsinn,
2. Schizophrenie,
3. zirkulärem (manisch-depressivem) Irresein,
4. erblicher Fallsucht,
5. erblichem Veitstanz (Huntingtonsche Chorea),
6. erblicher Blindheit,
7. erblicher Taubheit,
8. schwerer erblicher körperlicher Mißbildung.

(3) Ferner kann unfruchtbar gemacht werden, wer an schwerem Alkoholismus leidet.

§ 2

(1) Antragsberechtigt ist derjenige, der unfruchtbar gemacht werden soll. [illegible]

(2) Dem Antrag ist eine Bescheinigung eines für das Deutsche Reich approbierten Arztes beizufügen, daß der Unfruchtbarzumachende über das Wesen und die Folgen der Unfruchtbarmachung aufgeklärt worden ist.

(3) Der Antrag kann zurückgenommen werden.

§ 3

Die Unfruchtbarmachung können auch beantragen

1. der beamtete Arzt,
2. für die Insassen einer Kranken-, Heil- oder Pflegeanstalt oder einer Strafanstalt der Anstaltsleiter.

§ 4

Der Antrag ist schriftlich oder zur Niederschrift der Geschäftsstelle des Erbgesundheitsgerichts zu stellen. Die dem Antrag zu Grunde liegenden Tatsachen sind durch ein ärztliches Gutachten oder auf andere Weise glaubhaft zu machen. Die Geschäftsstelle hat dem beamteten Arzt von dem Antrag Kenntnis zu geben.

§ 5

Zuständig für die Entscheidung ist das Erbgesundheitsgericht, in dessen Bezirk der Unfruchtbarzumachende seinen allgemeinen Gerichtsstand hat.

§ 6

(1) Das Erbgesundheitsgericht ist einem Amtsgericht anzugliedern. Es besteht aus einem Amtsrichter als Vorsitzenden, einem beamteten Arzt und einem weiteren für das Deutsche Reich approbierten Arzt, der mit der Erbgesundheitslehre besonders vertraut ist. Für jedes Mitglied ist ein Vertreter zu bestellen.

(2) Als Vorsitzender ist ausgeschlossen, wer über einen Antrag auf vormundschaftsgerichtliche Genehmigung nach § 2 Abs. 1 entschieden hat. Hat ein beamteter Arzt den Antrag gestellt, so kann er bei der Entscheidung nicht mitwirken.

Reichsgesetzbl. 1933 I 146

Das „Gesetz zur Verhütung erbkranken Nachwuchses“, erschienen im Reichsgesetzblatt vom 25. Juli 1933, ermöglichte Zwangssterilisierungen zur Gesunderhaltung der „Rasse“.

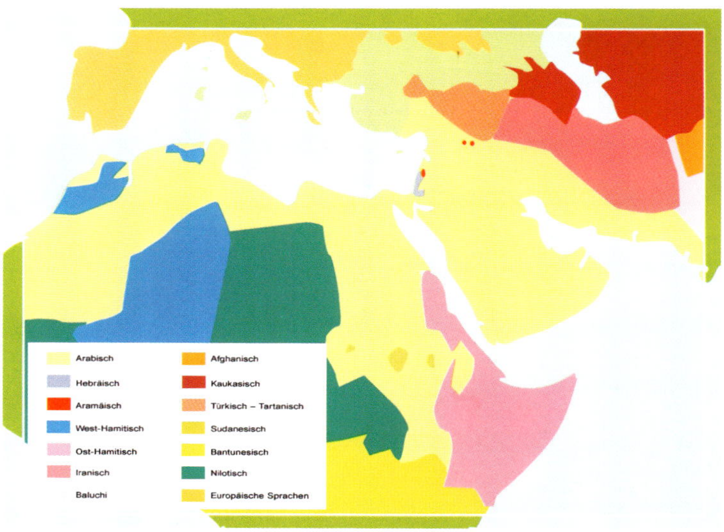

Die wichtigsten semitischen Sprachen sind Arabisch, Aramäisch und Hebräisch. Dialekte des Aramäischen werden immer noch im Südosten der Türkei, im nördlichen Irak und im Westen des Irans gesprochen.

06 Sind Juden Semiten?

Vom 11. bis zum 14. Jahrhundert gehörte ein großer, breitkrempiger Hut zur typischen jüdischen Tracht. In vielen Gegenden schrieben die nichtjüdischen Landesherren ihn als Erkennungszeichen der Juden vor.

Der Hass gegen Juden wird „Antisemitismus“ genannt (siehe Fragen 10 bis 20). Das bedeutet allerdings nicht, dass Juden Semiten sind. Die Frage lautet also nicht so sehr „Sind Juden Semiten?“, sondern „Gibt es überhaupt Semiten?“. „Semitisch“ ist ein sprachwissenschaftlicher Begriff, mit dem eine Gruppe von untereinander verwandten Sprachen bezeichnet wird. Hebräisch und Arabisch wird zu der semitischen Sprachgruppe gerechnet, genauso wie Maltesisch, eine Sprache, die im Inselstaat Malta gesprochen wird. Maltesisch ist die einzige semitische Sprache in Europa. Die Sprachen aber, die viele Juden in Europa sprachen – Jiddisch zum Beispiel und Ladino, die ursprüngliche Sprache vieler Juden im Mittelmeerraum – sind keine semitischen Sprachen. Sie gehören zu der indoeuropäischen Sprachgruppe.

Wer unter Semiten eine Gruppe erblich miteinander verwandter Völker versteht, bekommt schnell Schwierigkeiten. Schon allein bei den Menschen, die eine arabische Sprache sprechen, gibt es eine große historische und kulturelle Vielfalt. Die Gleichstellung von Völkern und Sprache – von Sprache und „Rasse“ oder „Ethnizität“ – ist einer der großen Fehler der Wissenschaft in den letzten 200 Jahren gewesen. Diese begriffliche Ungenauigkeit und die daraus resultierende Verwirrung bestehen mehr oder weniger bis heute. Es gibt die Behauptung, Araber könnten keine Antisemiten sein, weil sie selbst Semiten sind. Dies ist eine falsche Schlussfolgerung, denn auch Menschen, die eine dem Hebräisch verwandte Sprache sprechen, können antijüdisch sein. Niederländer können ja auch antideutsch sein, und Deutsche können Niederländer verachten, obwohl Niederländisch und Deutsch sehr eng verwandte Sprachen sind.

07 Warum leben Juden auf der ganzen Welt verstreut?

Die jüdische Geschichte ist eine Geschichte vieler Wanderungen. Die ersten Bücher der Bibel erzählen die Geschichte der Juden als Sklaven der Ägypter. Nach dem Aufstand gegen die Ägypter zogen sie viele Jahre herum – der so genannte Auszug aus Ägypten –, bis sie schließlich im westlichen Teil des asiatischen Levante (Morgenland) sesshaft wurden. Viele Jahre später, im 17. Jahrhundert vor Christus, eroberten die Assyrer den größten Teil dieses Landstriches und die Juden wurden als Sklaven verschleppt. Über ihr Schicksal gibt es viele Spekulationen.

Im Jahr 586 vor Christus eroberten die Babylonier Jerusalem und zerstörten den Tempel, den König Salomo hatte bauen lassen. Auch diesmal wurde ein großer Teil der Bevölkerung verschleppt, und zwar nach Babylon (eine Stadt, die im heutigen Irak, südlich von Bagdad liegen würde). 70 Jahre später, als Babylon vom persischen König Cyrus der Große erobert wurde, durften die Juden in das Land ihrer Herkunft zurückkehren. Aber viele blieben und wurden in Ägypten oder auf der arabischen Halbinsel sesshaft. Viele Juden spezialisierten sich auf Handelsgeschäfte und wurden Kaufleute. Im Jahre 70 nach Christus wurde der jüdische Tempel in Jerusalem zum zweiten Mal verwüstet. Die römischen Besatzer vertrieben die aufständischen Juden aus der Stadt und jagten sie außer Landes. Große Gruppen jüdischer Gefangener wurden nach Rom verschleppt. Viele flüchteten in die Türkei und nach Griechenland. Im ersten Jahrhundert der christlichen Zeitrechnung hatte sich bereits eine ansehnliche Zahl jüdischer Gemeinschaften in Spanien niedergelassen.

Seite 27:
In New York leben mehr Juden als in jeder anderen Stadt auf der Welt: 1,13 Millionen Menschen im Großraum New York gehören dem jüdischen Glauben an. In Nordamerika leben zwischen 5,3 und 5,9 Millionen Juden.

Konstantin der Große war von 306–337 römischer Kaiser. Während seiner Regierungszeit fand der von ihm eingeleitete Siegeszug des Christentums statt.

Der römische Kaiser Konstantin gewährte zu Beginn des 4. Jahrhunderts die Religionsfreiheit und hob das Verbot des Christentums auf; seit dieser Zeit breitete sich das Christentum stark aus und drängte die jüdischen Gemeinschaften an den Rand. Nach der arabischen Eroberung im 7. Jahrhundert, dem Aufkommen des Islam und verschiedenen Kreuzzügen, lebten im 13. Jahrhundert nur noch einige Tausend Juden in dem Landstrich, der heute Israel heißt. In ganz Europa und im Mittleren Osten gab es jüdische Gemeinschaften, und in jeder Handelsstadt gab es jüdische Kaufleute.

Die Diaspora (die Verbreitung und Zerstreuung) der Juden ist eine Geschichte erzwungener Emigration und des Handeltreibens. Die unfreiwillige Auswanderung von Juden ist oft Folge von Krieg und Streit gewesen und leider keine Seltenheit. Die Geschichte Europas, des Mittleren Ostens und des Mittelmeerraums verlief blutig, und die Toleranz gegenüber religiösen und anderen Minderheiten ließ regelmäßig zu wünschen übrig. Viele Minderheiten sind im Laufe der Geschichte assimiliert oder ausgerottet worden oder aus anderen Gründen verschwunden. Ungewöhnlich ist jedoch, dass die Juden nach mehr als 2000 Jahren nicht „verschwunden" oder assimiliert sind und dass sie sich über so viele Länder verteilt haben.

Zur Zeit des Römischen Reiches lebten schätzungsweise 8 bis 10 Millionen Juden; verglichen mit der Wachstumsrate anderer Bevölkerungsgruppen müsste es heutzutage circa 200 Millionen Juden weltweit geben. Gegenwärtig aber leben „nur" 13 Millionen Juden (siehe Frage 2). Diese Differenz ist die Folge von Vertreibung und Mord, Bekehrung zum Islam und Christentum sowie von Assimilation.

08 Wie viele Juden lebten und leben in Deutschland?

Die Frage nach der Anzahl der Juden in Deutschland, in der Vergangenheit und heute, ist nicht leicht zu beantworten. Nicht nur die Frage, wer als Jude bezeichnet werden soll, ist nicht eindeutig zu beantworten, sondern auch die Definition des Landes Deutschland, da Deutschland im Laufe der Jahrhunderte ein Land ohne feste Grenzen war. In der heutigen Bundesrepublik Deutschland leben nach Zählung des Zentralrates der Juden mehr als 105 000 Juden. Bei dieser Angabe – so der Zentralrat – seien Juden, die keiner jüdischen Gemeinde angeschlossen sind, nicht mitgerechnet worden. Andere Zählungen in Deutschland gehen von 160 000 bis 200 000 Juden aus, oder sogar von noch weitaus mehr. In den Jahren nach der Wiedervereinigung (1989) hat sich die Zahl der Juden mehr als verdreifacht; Grund dafür ist die Immigration aus Russland, der Ukraine und Weißrussland. Ein Großteil dieser osteuropäischen Einwanderer ist säkular, kennt wenig bis keine religiösen jüdischen Rituale und spricht Russisch (nicht Jiddisch) als Muttersprache. Ein großer Teil dieser jüdischen Einwanderer hat sich folglich in Deutschland keiner jüdischen Gemeinde angeschlossen.

Wenn wir die Geschichte zwischen 1933 und 1945 betrachten, müssen wir feststellen, dass die Zahl der Juden in Deutschland von 525 000 auf weniger als 25 000 dezimiert wurde (siehe dazu Fragen 34–39). Rund 300 000 schafften es, das Land vor Oktober 1941 – als die Nazis die Emigration der Juden offiziell verboten – zu verlassen. Vor 100 Jahren lebten circa 600 000 Juden im Deutschen Reich, etwas mehr als 1 Prozent der Bevölkerung. Dieser Zeitraum, die Jahrhundertwende vom 19. bis ins 20. Jahr-

Der Alleingeltungsanspruch des Christentums begünstigte den Antisemitismus. Hinzu kam, dass Christen kein Geld verleihen durften und so christliche Schuldner ausschließlich bei Juden Geld liehen. Da die meisten Menschen im Mittelalter nicht gut rechnen konnten, wuchs bei vielen Christen das Gefühl, von den jüdischen Kreditgebern betrogen zu werden. Dies verstärkte das Misstrauen und die Feindseligkeiten gegenüber den Juden zusätzlich. Mehrmals kam es während des Mittelalters zu Pogromen gegen Juden.

hundert, war eine Periode relativ großer Einwanderung (vorwiegend aus Russland, wo Juden brutal verfolgt wurden) und großer Emigration (in die Vereinigten Staaten).
Je weiter man aber in der Geschichte zurückgeht, desto schwieriger wird es, exakte Zahlen zu nennen.
Wie schon gesagt: Vor 1871 hatte Deutschland keine klaren politischen Grenzen.
Fest steht, dass die Geschichte der Juden in Deutschland bis ins Römische Reich zurückgeht. Es existieren Briefe des römischen Kaisers Konstantin an die römische Stadtverwaltung Köln, in denen von jüdischen Einwohnern die Rede ist. Ebenso steht fest, dass die Geschichte der Juden in Deutschland eine Geschichte mit einigen Höhepunkten, aber auch vielen Tiefpunkten ist. Es gab lange Zeiträume, in denen die Juden unter dem Schutz

von Fürsten und Stadtverwaltern standen, Perioden, in denen die jüdische Gemeinschaft Handel treiben, wachsen und blühen konnte. Aber es gab auch dunkle Zeiten in der deutschen Geschichte, in denen Juden verfolgt, vertrieben und ermordet wurden (siehe Frage 30).

Russische Immigranten

Zwischen 1991 und 2004 war es Juden aus der ehemaligen Sowjetunion erlaubt, nach Deutschland auszuwandern. Potenzielle Immigranten mussten lediglich nachweisen, dass zumindest ein Elternteil jüdischen Glaubens ist und sie nach dem russischen Gesetz die jüdische Nationalität besitzen. In der Sowjetunion, und später auch in Russland, bekamen Juden einen Stempel „Nationalität: Jüdisch" in ihren Ausweis. Etwa 190 000 russische Juden haben in Deutschland zwischen 1991 und 2004 den Flüchtlingsstatus erhalten. 80 000 von ihnen haben sich in ihrer neuen Heimat einer jüdischen Gemeinde angeschlossen.

Russische Juden, die lediglich einen jüdischen Vater, aber keine jüdische Mutter haben, sind nach russischem und deutschem Gesetz jüdisch, nach den Regeln des jüdischen Glaubens jedoch nicht.

Durch Änderungen in der Gesetzgebung gelten seit dem 1. Juli 2006 andere Richtlinien. Potenzielle jüdische Immigranten aus Russland müssen nun unter anderem Kenntnisse der deutschen Sprache nachweisen; eine jüdische Gemeinde muss bereit sein, den Antragsteller als Mitglied aufzunehmen. Außerdem gibt es für sie Einschränkungen bei dem Bezug von Sozialhilfe.

09 Wieso leben so viele Juden in den Vereinigten Staaten?

Seite 32/33: *Gegen Ende des 19. Jahrhunderts siedelten sich die jüdischen Auswanderer in der Lower Eastside in Manhattan an.*

In den Vereinigten Staaten leben schätzungsweise rund 5,3 bis 5,9 Millionen Juden. Bei einer Gesamtbevölkerung von 280 Millionen Menschen sind das etwa 2 Prozent. Die Vereinigten Staaten sind das Land mit der weltweit größten jüdischen Gemeinschaft, obwohl sie,

Links:
Eine orthodoxe Jüdin und ihre Kinder in Brooklyn (New York), 1995.

Rechts:
Dieses Foto eines russischen Einwanderers wurde im Jahr 1900 während der großen Immigrationswelle nach Amerika aufgenommen.

prozentual gesehen, nur eine kleine Minderheit darstellen. Zum Vergleich: 85 Prozent der amerikanischen Bevölkerung besuchen einen christlichen Gottesdienst; davon sind zwei von drei Gläubigen protestantisch und 30 Prozent katholisch. Die Zahl der Muslime in den Vereinigten Staaten ist schwieriger festzustellen, da viele Muslime keiner Moschee angeschlossen sind. Ihre Zahl wird zwischen 5 bis 6 Millionen geschätzt. Wie viele Juden in den USA leben, ist abhängig von der Frage, wen man dazuzählt. Die Mehrheit der amerikanischen Juden ist einer liberalen Gemeinde angeschlossen, die eine weniger strikte Definition der Frage befolgt, wer jüdisch ist und wer nicht (siehe auch Frage 1). Drei von zehn Juden in den Vereinigten Staaten sind mit einer Person eines anderen, zumeist christlichen Glaubens verheiratet. In den letzten Jahren liegt die Prozentzahl der gemischten Ehen

__Seite 36/37:__
Im Jahr 1905 starben bei einem Pogrom in der russischen Stadt Odessa 400 Juden. Nur einige der ermordeten Juden wurden für dieses Foto aufgereiht. Odessa war bis zum kommunistischen Regime, das sich ab 1917 etablierte, ein kulturelles Zentrum für die im Südwesten Russlands lebenden Juden.

sogar bei über 50 Prozent. Vor allem die orthodoxen amerikanischen Juden sind über die Tatsache besorgt, dass so die jüdische Kultur und Tradition noch weiter zurückgedrängt wird.

Dass in den USA eine solch große jüdische Gemeinschaft lebt, liegt in erster Linie an der großen jüdischen Migration, die zwischen 1880 und 1920 am stärksten war. In diesen Jahrzehnten stieg die Zahl von etwa 230 000 (1880) bis 3,5 Millionen (1920) an. Amerika war damals das Immigrationsland schlechthin, und ein großer Teil des osteuropäischen jüdischen Proletariats nahm, geplagt von Armut und Pogromen, das Schiff nach Amerika. Seit den 20er-Jahren des letzten Jahrhunderts richtete die amerikanische Regierung eine Quotierung für die Immigrantengruppen ein, und osteuropäische Juden wurden nur noch kleckerweise zugelassen.

Die jüdische Immigration nach Amerika ist eine der Erfolgsstorys der jüdischen (und der amerikanischen) Geschichte. Innerhalb von zwei bis drei Generationen konnte sich ein Großteil von ihnen vom „armen Schlucker“ bis zum relativ wohlhabenden „Durchschnittsamerikaner“ hocharbeiten.

Pogrome

Der Begriff „Pogrom“ kommt aus dem Russischen. Er bezeichnet eine gewaltsame, organisierte Massenausschreitung, verbunden mit Mord, Plünderung und Genozid. Ende des 19. Jahrhunderts fanden in Russland eine Reihe sehr blutiger Pogrome statt, die speziell gegen Juden gerichtet waren. Vor allem die Pogrome von 1881 in zahlreichen Dörfern und Städten waren für viele russische Juden der Grund, ihre Heimat zu verlassen und ihr Glück anderswo zu suchen. Die Vereinigten Staaten wurden für viele zum „gelobten Land“. Im 19. Jahrhundert wohnten im Westen Russlands, dem einzigen Landesteil, in dem sie leben durften, einige Millionen Juden. Pogrome gegen Juden haben bereits im Mittelalter stattgefunden, hauptsächlich in deutschen Städten.

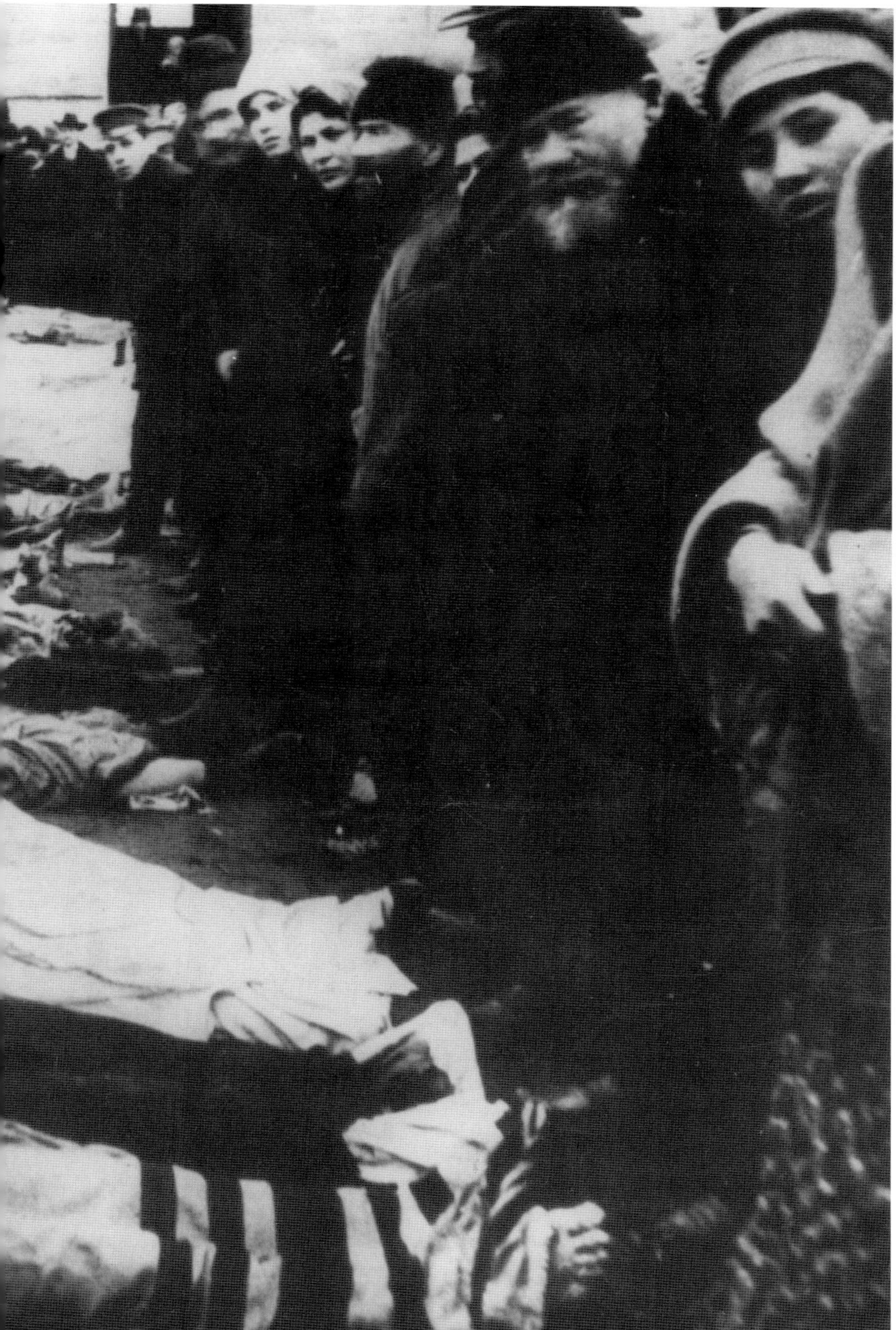

Fragen 10 bis 20

Fragen zur Geschichte des Antisemitismus

10. Gibt es eine Standarddefinition von Antisemitismus?
11. Woher kommt das Wort „Antisemitismus“?
12. Wie ist das Wort „semitisch“ entstanden?
13. Gibt es Semitismus oder Pro-Semitismus?
14. Wie lange gibt es Antisemitismus?
15. Welche antisemitischen Mythen und Legenden waren am weitesten verbreitet?
16. Woher stammen die wirtschaftlichen Stereotypen über Juden?
17. Woher kommt die Vorstellung von der jüdischen Weltverschwörung?
18. Gibt es die „mächtige jüdische Lobby“ wirklich?
19. Beherrschen die Juden die Wall Street und Hollywood?
20. Sind alle Juden reich?

10 Gibt es eine Standarddefinition von Antisemitismus?

Seite 41 oben: *Eine deutsche Postkarte (1900) stellt eine jüdische Frau als dick und obszön dar. Antijüdische Postkarten waren vor hundert Jahren in ganz Europa Mode.*

Seite 41 links: *Antisemitische Postkarte aus dem Jahr 1913. Denunziert werden Aussehen, sprachliches Vermögen und Kinderreichtum.*

Seite 41 rechts: *Ein französisches Wahlplakat aus dem Jahr 1889: Adolf Wilette wirbt mit Antisemitismus um einen Platz für sich im Parlament: „Juden sind eine andere Rasse und unsere Feinde!" steht in großen Lettern auf diesem Wahlplakat.*

Im alltäglichen Sprachgebrauch ist Antisemitismus in erster Linie ein Synonym für „Judenhass". Das Adjektiv „antisemitisch" wird oft in der Bedeutung von „antijüdisch" verwendet. Aber eine Standarddefinition des Begriffs – was fällt darunter und was nicht – gibt es nicht. In zahlreichen Texten wird der Begriff „Antisemitismus" für eine komplette Skala von negativen Einstellungen Juden gegenüber benutzt, über Jahrhunderte hinweg – von ethnischen Gegensätzen im Altertum, über religiöse Rivalitäten und ökonomische Einschränkungen im Mittelalter, bis zu Pogromen des 19. Jahrhunderts und dem großen Massenmord des 20. Jahrhunderts. Zu der Frage, ob all diese Phänomene unter einem Nenner – nämlich dem Antisemitismus – zusammengefasst werden können, gibt es unter den Wissenschaftlern unterschiedliche Meinungen. Antisemitismus, so kritisieren viele, ist zu sehr ein Sammelbegriff, der unterschiedlichste Formen des Judenhasses, ungeachtet von Zeit und Ort, auf einen Haufen wirft. Für eine gute, historische Betrachtungsweise ist es jedoch gerade von Bedeutung, die Unterschiedlichkeiten aufzuzeigen. Eine oft verwendete Dreiteilung ist die Differenzierung zwischen religiösem Antisemitismus (auch Antijudaismus genannt), sozialökonomischem Antisemitismus (der Ausschluss der Juden von bestimmten Berufen, der hauptsächlich im Mittelalter stattgefunden hat) und politischem Antisemitismus, der im 19. Jahrhundert entstand und sich vor allem auf die Rassenlehre stützt (siehe Frage 11).

Die Problematik ist bereits bei der Einführung des Begriffes entstanden. Das Wort „Antisemitismus" ist als

Susanne im Bade:

BUY A LOFELY SPONGE
MISTER TO VASH DER BABY VID?
VOT-SAY? AINT GOT NO BABY – S'HELP ME –
I'LL LEND YER VON OF MINE!

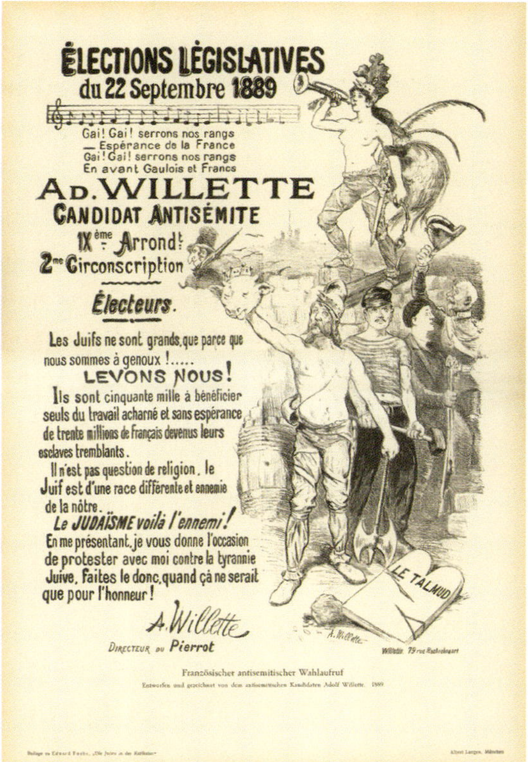
ÉLECTIONS LÉGISLATIVES
du 22 Septembre 1889
Gai! Gai! serrons nos rangs
— Espérance de la France
Gai! Gai! serrons nos rangs
En avant Gaulois et Francs
AD. WILLETTE
CANDIDAT ANTISÉMITE
IXème Arrondt
2me Circonscription
Électeurs.
Les Juifs ne sont grands, que parce que nous sommes à genoux !.....
LEVONS NOUS!
Ils sont cinquante mille à bénéficier seuls du travail acharné et sans espérance de trente millions de Français devenus leurs esclaves tremblants.
Il n'est pas question de religion. le Juif est d'une race différente et ennemie de la nôtre.
Le JUDAÏSME voilà l'ennemi!
En me présentant, je vous donne l'occasion de protester avec moi contre la tyrannie Juive, faites le donc, quand çà ne serait que pour l'honneur!
A. Willette
DIRECTEUR DU Pierrot
LE TALMUD
A. Willette
Französischer antisemitischer Wahlaufruf
Entworfen und gezeichnet von dem antisemitischen Kandidaten Adolf Willette. 1889

Gegenstück des Begriffs „Antijudaismus", also die Abkehr vom Judentum als Religion, eingeführt worden. Dieser Antijudaismus hatte seit dem Altertum, hauptsächlich im Mittelalter, innerhalb der christlichen Kirchen eine große Tradition. Am Ende des 19. Jahrhunderts wurden antisemitische Ideen von vielen als „modern" angesehen, denn sie waren nicht aus den „altmodischen" religiösen Vorurteilen entstanden, sondern basierten auf der neuen, wissenschaftlich anmutenden Rassenlehre. Auch heute noch gibt es sowohl religiöse als auch rassistische antisemitische Ideen.

Diskussion

Der Historiker Gavin Langmuir ist der Meinung, dass der Begriff „Antisemitismus" zu häufig und auch falsch verwendet wird. Indem man die Begriffe antisemitisch, antijudäisch und antijüdisch einander gleichstellt, wirft man alle Arten von Judenfeindlichkeit der letzten 2000 Jahre auf einen großen Haufen. Auf diese Weise könnte sich der Gedanke verfestigen, Juden besäßen negative Eigenschaften, die einzigartig und unveränderbar seien. Außerdem würde dadurch kein Unterschied zwischen antijüdischen Parolen und dem Holocaust gemacht. Langmuir betont den Unterschied zwischen erstens interethnischer Feindschaft, deren Opfer die Juden im Laufe der Geschichte waren, zweitens religiöser Rivalität und Unstimmigkeit (Antijudaismus) der Christen gegenüber den Juden, und drittens Vorurteile und Mythen über Juden, die sich jahrhundertelang gehalten haben – und noch immer halten.
Interethnische Feindschaften und religiöse Unstimmigkeiten sind in der europäischen Geschichte leider keine Seltenheit und haben zu vielfachen Streitigkeiten, Blutvergießen und „ethnischen" Säuberungen geführt. Die Entstehung von Vorurteilen und Mythen ist jedoch einzigartig, und genau für diese Art des Judenhasses will Langmuir den Term „Antisemitismus" benutzen und festlegen. Was die Geschichte antisemitischer Ideen in seinen Augen so besonders macht, sind die dubiosen Gruselgeschichten über Juden als Gottesmörder und Hostienschänder (siehe Frage 15) und die bizarren Vorstellungen von der jüdischen Weltverschwörung (siehe Frage 17).

11 Woher kommt das Wort „Antisemitismus“?

Der Journalist Wilhelm Marr (1819–1904), Gründer der ersten politischen antijüdischen Vereinigung, prägte Klischees und Schlagworte über Juden, wie sie später auch Adolf Hitler verwendete.

Das Wort „Antisemitismus“ wurde um 1880 durch Artikel und Flugblätter des deutschen Journalisten Wilhelm Marr populär. Mit diesem neuen Begriff drückte er seine Abneigung gegen Juden aus und versuchte, Mitstreiter für seine so genannte „Antisemitenliga“ zu finden. Obwohl das Wort nicht von Marr stammt – der eigentliche Urheber ist unbekannt –, ging er trotzdem als „der Stammvater des Antisemitismus“ in die Geschichte ein. Der Begriff „Antisemitismus“ wurde also von einem Antisemiten groß gemacht. Mit dessen Einführung knüpfte Marr beim wissenschaftlichen Denken seiner Zeit an.

Sprachwissenschaftler arbeiteten seit dem ausgehenden 18. Jahrhundert an einer Übersicht der Sprachverwandtschaften. Die semitische Sprachgruppe ist eine solche Gruppe verwandter Sprachen. Zur semitischen Sprachgruppe wurden unter anderem das Hebräische, das Arabische, das Aramäische und eine Reihe von Sprachen gezählt, die heute nicht mehr gesprochen werden (so genannte „tote“ Sprachen). Daneben unterscheidet man unter anderem die indoeuropäische und die türkische Sprachgruppe.

Nach dem Rassendenken des 19. Jahrhunderts gehörten die Sprecher einer semitischen Sprache zur so genannten semitischen Rasse. Sie werden als Semiten bezeichnet. Viele Deutschsprachige betrachteten sich in dieser Zeit als Germanen und als Angehörige der so genannten arischen Rasse. Die Vorstellung, dass es zwischen Ariern und Semiten einen grundlegenden, unüberbrückbaren Unterschied gäbe – später wurde das als der „arische

Der

Sieg des Judenthums

über das

Germanenthum.

Vom

nicht confessionellen Standpunkt aus betrachtet

von

W. Marr.

Bern,
Rudolph Costenoble.
1879.

Seite 44: Marrs Buch erschien 1879 und war beim deutschen Lesepublikum ein großer Erfolg: Innerhalb kürzester Zeit erschienen zwölf Auflagen. Marr behauptete, dass die Juden „Parasiten" seien, die gezielt die Ausbeutung von Deutschland betrieben.

Mythos" bezeichnet –, stand im Mittelpunkt von Wilhelm Marrs Auffassungen. Das Gleichsetzen von Sprache, Volk und Rasse war in dieser Zeit gang und gäbe. Bei Marr bezog sich der Begriff „Antisemitismus" allein auf Juden. Allein gegen sie richtete sich seine Kampagne. Er veröffentlichte seine antisemitischen Schriften in einer Zeit, in der auch viele andere, als Reaktion auf die Emanzipation der deutschen Juden im neu gegründeten deutschen Einheitsstaat, in dem Juden 1871 gleiche Bürgerrechte errungen hatten, zur Feder griffen.

Bemerkenswert

Wilhelm Marrs Buch „Der Sieg des Judenthums über das Germanenthum" erschien 1879 und schaffte in kurzer Zeit nicht weniger als zwölf Auflagen. Es wird als „der erste antisemitische Bestseller" bezeichnet. Bemerkenswerterweise hatte Marr dennoch viele jüdische Freunde und heiratete dreimal eine jüdische Frau. Am Ende seines Lebens brach er mit der antisemitischen Bewegung und bat die Juden für das, was er früher geschrieben hatte, um Vergebung.

12 Wie ist das Wort „semitisch" entstanden?

Das Adjektiv „semitisch" verweist auf Sem, einen der drei Söhne Noahs. In der Genesis, dem ersten Buch der Bibel, wird Noah als Stammvater des Menschengeschlechts beschrieben. Genesis 6 bis 9 berichtet von der „Sintflut", die die „verdorbene" Welt in ihrer Gesamtheit überspült. Nur der rechtschaffene Noah und seine Familie werden verschont. Er wurde von Gott gewarnt und baute eine Arche, in der er, seine Familie und die Tiere (von den reinen Tieren 7 Paar, von den unreinen 1 Paar) die Katastrophe überleben. Nach der Sintflut schloss Gott mit Noah einen Bund, dessen Zeichen der Regenbogen war.

Noah hatte drei Söhne, Sem, Ham und Jafet. Letzterer gilt in der Überlieferung als Stammvater der indoeuropäischen Völker; Sem gilt als Stammvater der Semiten, die Völker „des Namens“, die vornehmen Völker. Dieses Privileg erhielt Sem, weil er seinem Vater gegenüber ehrfürchtig war und ihn auch ehrte, nachdem er ihn nackt und betrunken sah. Ham, der Stammvater der Völker Afrikas, wurde stattdessen von seinem Vater verflucht, weil er diese Ehrfurcht nicht aufzubringen im Stande war. Anhand dieser Geschichte wurde lange Zeit die Sklaverei von Afrikanern gerechtfertigt; ihre „Minderwertigkeit“ sei im Tenach, beziehungsweise dem Alten Testament, festgelegt. Der Vorstellung, dass alle Völker der Erde auf die drei Söhne Noahs zurückzuführen seien, wurde früher in christlichen und jüdischen Kreisen, in geringerem Umfang auch im Islam, viel Glaube geschenkt. Es gibt jedoch hinreichend historische, sprachwissenschaftliche, archäologische und ethnografische Beweise, dass die Liste der Völker in der Genesis eine mythische Erzählung ist.

In Genesis 9 wird die Geschichte Noahs beschrieben, auf dessen drei Söhne, Sem, Ham und Jafet, die Völker der Erde zurückgeführt wurden.

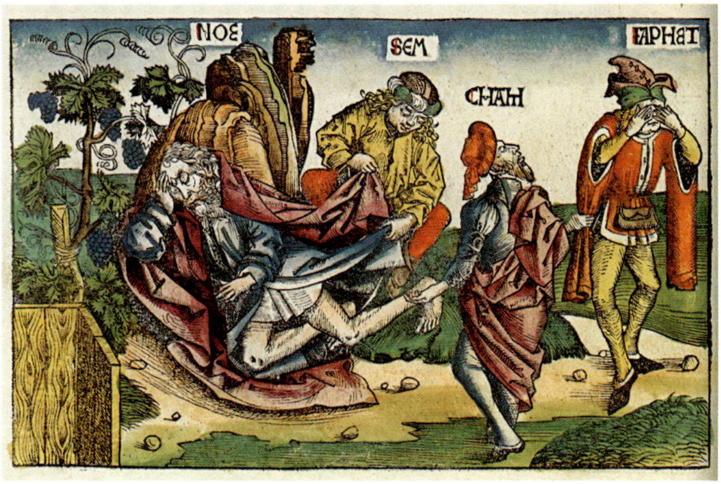

Ebenso hat die Theorie, dass Menschen, die dieselbe oder eine verwandte Sprache sprechen, auch automatisch miteinander verwandt sind, in den letzten 200 Jahren für viel Verwirrung gesorgt (siehe auch Frage 6).

Die drei Söhne Noahs

Die Söhne Noahs, die mit ihm zusammen in der Arche überlebt hatten, hießen Sem, Ham und Jafet. Die Verbreitung der Menschheit über die Welt begann mit den drei Söhnen Noahs. Noah war Weinbauer und legte als Erstes einen Weingarten an. Er trank von dem Wein, wurde betrunken und legte sich unbekleidet ins Zelt. Als Ham, der Vater von Kanaan, sah, dass sein Vater nackt war, ging er nach draußen und erzählte dies seinen beiden Brüdern. Daraufhin nahmen Sem und Ham einen Mantel, gingen rückwärts ins Zelt und bedeckten den nackten Körper des Vaters mit abgewandtem Gesicht, sodass sie seine Nacktheit nicht sehen konnten. Als Noah aus seinem Rausch erwachte und erfuhr, was ihm sein jüngster Sohn Ham angetan hatte, sagte er: „Verflucht sei Kanaan. / Der niedrigste Knecht sei er seinen Brüdern. Gepriesen sei der Herr, der Gott Sems, / Kanaan aber sei sein Knecht. Raum schaffe Gott für Jafet. / In Sems Zelten wohne er, / Kanaan aber sei sein Knecht."
Nach der Sintflut lebte Noah noch 350 Jahre.
Noah wurde insgesamt 950 Jahre alt.
(Genesis 9: 18–29, nach: Die Bibel. Einheitsübersetzung.)

13 Gibt es Semitismus oder Pro-Semitismus?

Semitismus, für sich genommen, gibt es nicht. Antisemitismus ist vom Adjektiv „semitisch" abgeleitet, das eine Gruppe miteinander verwandter Sprachen bezeichnet. Aber Antisemitismus richtet sich nicht – wie das Wort vielleicht vermuten lässt – gegen Semitismus. Der Begriff wurde eingeführt, um eine antijüdische Bewegung und antijüdisches Gedankengut zu bezeichnen. Pro-Semitismus gibt es genauso wenig. Allerdings wird ab und an

Seite 49 oben: In Frankfurt kam es im Jahr 1628 zu Unruhen, die sich eigentlich gegen die Patrizier und den Rat der Stadt richteten. Die Wut des Mobs entlud sich jedoch in der Plünderung der Judengasse.

der Begriff „Philosemitismus" verwendet, um das Gegenteil von Antisemitismus zu bezeichnen. Aber dieser Begriff hat auch einen negativen Beiklang: Ein Philosemit ist jemand mit einer übertrieben positiven Haltung gegenüber Juden, jemand, der an die Überlegenheit der Juden glaubt. Der britische Premierminister Benjamin Disraeli (1804–1881), selbst jüdischer Abstammung, aber zum Christentum bekehrt, ist beispielsweise als Philosemit in die Geschichte eingegangen. In seinen Romanen und Schriften verherrlicht er „die jüdische Rasse".

Der Begriff „Philosemitismus" wird manchmal auch als Schimpfwort benutzt, für Menschen, die sich gegen Antisemitismus oder die daraus resultierende Gewalt und Verfolgung der Juden ausgesprochen haben – zum Beispiel Ende des 19. Jahrhunderts, zu Zeiten der Dreyfus-Affäre in Frankreich oder den jüdischen Pogromen in Russland.

14 Wie lange gibt es Antisemitismus?

Seite 49 unten: Das jüdische Getto in Frankfurt am Main bestand von 1462–1792.

Der Antisemitismus wird häufig als die „älteste Form von Hass" bezeichnet. Die Frage, wie lange Antisemitismus schon besteht, hängt eng mit der Frage nach der Begriffsdefinition zusammen (siehe Frage 10). Antisemitismus ist eine relativ junge Bezeichnung, die sich im Nachhinein auf allerlei unterschiedliche Arten von Judenhass und Rivalität zwischen Juden und Nichtjuden anwenden lässt. In einer Reihe von Übersichtswerken über die Geschichte des Antisemitismus werden die Anfänge bei den alten Griechen angesiedelt, zur Zeit der Eroberungen

Zeytung des verlauffs zu Franckfurt am Meyn von der blünderung der Juden Gassen

ZU Franckfurt in der werde Stadt/
Ein grosse menig der Juden hatt/
Beyde Aldt/arm/Reich/man Weib vnd kind/
In der zahl gewesen Vier/oder Fünfftaus-
net sindt/Ein Gassen vnd Sinaog haben sie in/
Möchtens verwahren wol nach jhrem Sin/
Zu dem jhr Jüdisch fest durchs gantze Jar/
Ohne verhinderung kundten halten zwar/
Darumb geridten sie in groß sicherheydt/
Betriegen/liegen war bey inn allzeit/
Darumb die Gottloß Jüdisch Rott/
Sich selbst hadt offt gebracht in grosse Not.

Im jahr als man nach Christi geburt/
Ein Tausent sechs hundert vnd viertzehen ze-
hen thut/ Den 22. Augustes altes Calenders ich
ver nä. ein groß anzall handwerck gesellen kam/
Die Gerendt vnd gelauffen dermassen/
Zu Stürmen vnd blünder der Juden Gassen
Dar bey wöllen sie auffsetzen Leib/vnd Bludt/
Welches es auch etlich kosten thut/
Den 22. Augst. zu Abendt zwischen der 6. vnd
7. stund/vor der juden pforten groß [illegible]
Ent sprung/die Jüden namens vbels bald in acht
Haben jr Gaß in grosser Eyl zugemacht/

Lähre Fässer Büttig Tisch bänck sie her vor/
Verbolwerckt inwendig auffs best jhr Thor/
Huben darneben die stein aus dem Pflaster auff/
Sich zubeschützen vor der handwerck gesellen
Hauff/aber die gesellen würden daß bald jnen fein
Hawë/stoßë/schlagen/mit gewalt das tohr ein/
Die Andern Renten daß Vöderst Hauß ein/
Die dritten stigen auff einer Leyder hin ein/
Die finster Nacht vber fiel sie zu handt/
Windtlichter vnd Pechpfanen man Brandt/
Prachen also auß eim in daß ander Hauß/
Namen die Beudt/den Juden triben sie auß/

Doch wan ein Jud kundt an eim Meister sein/
So muß einer ein zeichen mit jhm tragen hie-
im Einer war gestochen geschlaaë geworffë zwar
Eim Schneyder halb ab geschnidten ein Ohr/
Von dem 22. Augst an biß auff den 23. ist kundt
Daß Plündern hat gewerdt bey 11. stundt/
Als wie man sich Etlichen mühe geplündert hätt/
Des weins sie auch nicht verschonen theten/
Auß Eymer/ Zuber/Gelten/ Häffen/ sie seuffen/
Verschüten viel/im Dumuldt vnd vmbher la-
uffen/Die Burgerschafft rüst sich zu stundt
Mit müh sie dem vnheyl steuwern kund.

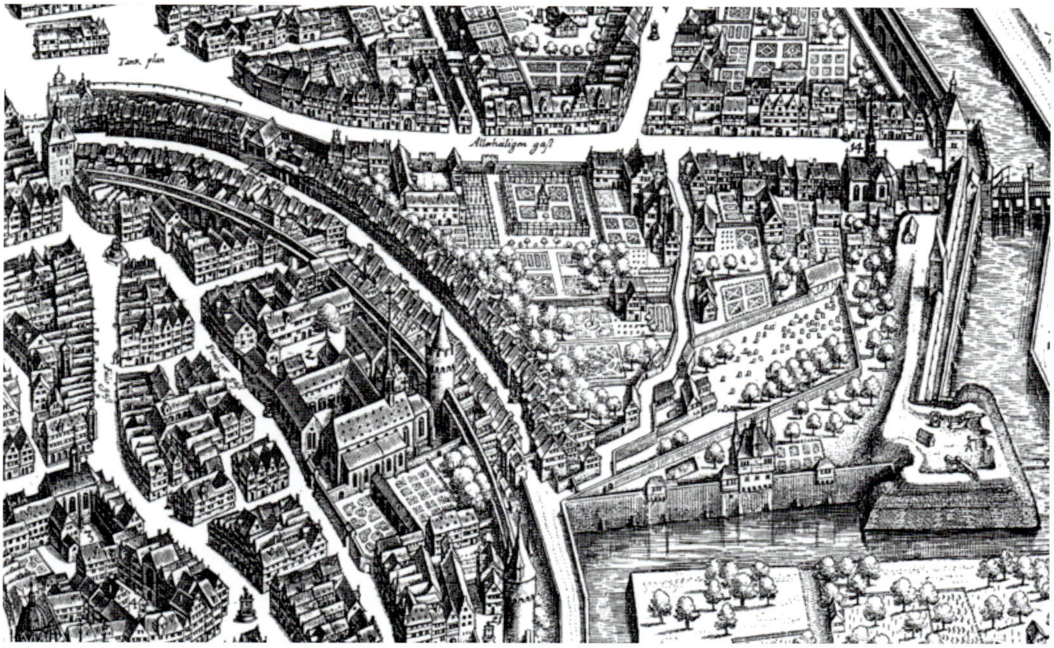

__Seite 51:__
Die umfangreichste und bedeutendste Liedersammlung des Mittelalters ist heute unter Codex Manesse bekannt, sie entstand um 1300 in Zürich. Die Sammlung enthält Miniaturen und Gedichte von etwa 140 Dichtern, unter denen sich nur ein einziger Jude befindet: Süßkind von Trimberg. Die Miniatur zeigt von Trimberg mit dem für Juden vorgeschriebenen Judenhut, aber mit einem sehr eleganten Umhang, während er am Hofe eines Edelmannes seine Verse vorträgt.

Alexanders des Großen (ab 332 v. Chr.). Zu dieser Zeit und teilweise auch später bei den Römern lebten die Juden als religiöse Minderheit im damaligen Palästina und in anderen Gebieten rund ums Mittelmeer sowie im Mittleren Osten. Aus jener Zeit sind verschiedene antijüdische Schriften und sogar Pogrome an Juden bekannt. Der berüchtigtste Pogrom fand im Jahr 66 nach Christus in der ägyptischen Stadt Alexandria statt.

Viele Historiker sehen das Mittelalter als besonders wichtig an: Es ist die Zeit der Kreuzzüge und der Inquisition, die Zeit, in der Juden aus vielen europäischen Ländern vertrieben wurden. Religiös inspirierte antijüdische Mythen und Beschuldigungen nahmen damals groteske Formen an (siehe vor allem Frage 15). In der zweiten Hälfte des Mittelalters organisierte sich das Wirtschaftsleben in vielen europäischen Ländern in Form von Gilden – geschlossenen Berufsständen, bei denen man Mitglied sein musste, um einen bestimmten Beruf ausüben zu können. Nur Christen konnten Gildenmitglied werden, Juden durften nicht beitreten. Die einzigen Berufe, die sie ausüben durften, waren „neue" Berufe, wie zum Beispiel Handel treiben – oft nur Handel mit Gebrauchtwaren – oder das Verleihen von Geld gegen Zinsen. Letzteres hatte die Kirche den Christen verboten. Dadurch entstanden wirtschaftlich motivierte antijüdische Stereotypen (mehr Informationen unter Frage 16). Die Gleichberechtigung und Emanzipation der Juden in Europa begann mit der Französischen Revolution Ende des 18. Jahrhunderts. In der ersten Hälfte des 19. Jahrhunderts wurden fast überall in Europa die jüdischen Gettos aufgelöst, Juden erhielten vollständige Bürgerrechte, und die Berufsgilden und Universitäten standen ihnen offen. Trotz – aber auch wegen – dieser Emanzipation der Juden in der europäischen Gesellschaft gewann der politisch-rassistische Antisemitismus in der zweiten Hälfte des 19. Jahrhunderts an Popularität und Einfluss (siehe auch Frage 11).

Gettos

Ein Getto war ein abgeschlossener Stadtteil, in dem die Juden zwangsweise leben mussten. Schon vor der Entstehung der Gettos wohnten Juden oder andere Minderheiten in vielen Hafen- und Handelsstädten europaweit in eigenen Stadtvierteln oder in Gruppen zusammen. Die abgeschlossenen und von Mauern umgebenen Judengettos stammen aus dem Mittelalter. Etliche Päpste und andere Kirchenfunktionäre setzten sich für diese räumliche Trennung zwischen Christen und Juden ein. Das Getto von Rom bestand offiziell am längsten und wurde erst 1870 abgerissen.
Das Wort „Getto“ kommt vom Italienischen gettare und bedeutet gießen. Zu Anfang des 16. Jahrhunderts wurden in Venedig die Juden gezwungen, sich in der Gegend der Gießereien, wo Schiffskanonen gegossen wurden, anzusiedeln. In der muslimischen Welt wohnten Juden auch häufig in eigenen Vierteln – bekannt sind die Mellas in Marokko –, doch von abgeschlossenen Bezirken und dem Zwang, dort zu wohnen, war selten die Rede.

Judenhut

In der zweiten Hälfte des Mittelalters mussten Juden bestimmte Kleidung tragen. Der Papst und die Bischöfe entschieden im Jahr 1215, dass Juden sich durch ihre Kleidung von Christen unterscheiden mussten. Jede Stadt hatte eigene Vorschriften. Weitverbreitet waren ein gelber runder Ring auf der Brust sowie – vor allem in deutschen Gebieten und Städten – ein spitzer Hut, der so genannte Judenhut. Diese stigmatisierende Kleidung kann man sich auf zahlreichen Stichen und Gemälden aus jener Zeit ansehen.

15 Welche antisemitischen Mythen und Legenden waren am weitesten verbreitet?

Vor allem aus dem Mittelalter sind zahlreiche Mythen und Legenden über Juden bekannt. Diese Legenden führten in vielen europäischen Ländern zur Vertreibung und Verfolgung der Juden. Aber auch in der „Moderne“, ab dem 19. Jahrhundert, die Zeit, in der der Antisemitismus eine politischere Färbung annahm, sind viele Legenden über die Juden entstanden. Manche dieser Mythen kommen selbst im 21. Jahrhundert noch vor. Vielleicht ist der bösartigste Mythos der, der Juden als Christusmörder abstempelt (siehe Frage 25). Eine ganze Reihe religiös motivierter Legenden aus dem Mittelalter steht in direktem Zusammenhang mit dem „Christusmord“. Die Juden machten sich regelmäßig des rituellen Mordes an christlichen Kindern schuldig, hieß es. Deren Blut fände zur Zubereitung von Matzen (flache, ungesäuerte Brotfladen) für das jüdische Osterfest Verwendung.

Juden wurden auch der Schändung von Hostien beschuldigt. Angeblich durchbohrten sie die geweihten Hostien – die für Katholiken den Leib Christi symbolisieren – mit Messern, um Jesus so immer wieder von Neuem zu ermorden.

Ebenso klassisch sind die Mythen über verschwörerische Juden. Auch diese Legenden stammen aus dem Mittelalter. Geschichten, in denen die Juden versuchen, Christen zu versklaven, machten die Runde, oder Geschichten über Juden, die sich mit Ketzern und Leprakranken

Musée des Horreurs
N°6
le Traître!
V. Lenepveu
Imp.-Gérant: LENEPVEU, 58, rue Dulong PARIS

***Seite 54:** Alfred Dreyfus (1859–1935), der jüdische Artilleriehauptmann im französischen Generalstab, erscheint auf diesem Poster als „Der Verräter!". Er wurde 1894 zu Unrecht als Gefangener auf die Teufelsinsel verbannt und erst 1906 rehabilitiert. Juden wurden häufig – und werden es immer noch – auf antisemitischen Abbildungen als Schlangen dargestellt.*

verschworen. Seit der Renaissance wurden die Verschwörungsmythen vorwiegend zu politischen Zwecken eingesetzt, besonders in Spanien. Im 19. Jahrhundert wurden in Frankreich und Deutschland die Juden, oft zusammen mit Freimaurern, in zahlreichen Veröffentlichungen beschuldigt, die traditionelle christliche Ordnung stürzen zu wollen. Diese berüchtigten (und fiktiven) „Protokolle" der Weisen von Zion (siehe hierzu Frage 17) basieren auf literarischen Vorlagen aus Frankreich aus dieser Zeit. Die Juden sollten nicht nur an der französischen, sondern auch an der kommunistischen Revolution in Russland schuld sein.

Ein drittes, regelmäßig wiederkehrendes Thema ist das des Juden als „Verräter". In vielen theologischen Schriften werden die Juden mit dem Jünger Judas gleichgesetzt, dem späteren Verräter Christi. Doch dies war nicht die einzige Verratslegende. Angeblich kollaborierten die Juden mit den muslimischen Armeen, die Europa im 16. Jahrhundert angriffen. Sie sollen angeblich eine fünfte Armee für die angreifenden Tartaren gebildet haben, die als die zehn verlorenen jüdischen Stämme galten und die nun gekommen seien, ihre unterdrückten Brüder zu rächen. Das Verräterthema findet sich auch im 19. Jahrhundert bei der Dreyfus-Affäre wieder. Damals wurde der französisch-jüdische Heeresoffizier fälschlicherweise beschuldigt, den Deutschen Militärgeheimnisse verraten zu haben. Diese Affäre hielt Frankreich jahrelang in Bann. Ein paar Jahrzehnte später gab man den Juden die Schuld am verlorenen Ersten Weltkrieg. Angeblich hätten sie der deutschen Armee einen „Dolchstoß in den Rücken" verpasst.

Blutige Fantasien

Im Laufe der Jahrhunderte ist die Verbindung aus „Juden" und „Blut" ein oft verwendetes Rezept für antijüdische Mythen geworden, die als so genannte „Blutmärchen" in die Geschichte eingegangen sind. Die Legende der Hostienschändung tauchte an unzähligen Orten Europas auf. So sollen im Jahr 1370 in Brüssel die Hostien angefangen haben, zu bluten, nachdem sie von Juden aus Hass auf die christliche Religion mit Messern und Dolchen durchbohrt worden seien. Diese Behauptung wurde der kleinen jüdischen Gemeinschaft in Brüssel zum Verhängnis. Diese Geschichte ist auf den Bleiglasfenstern der Sankt-Michaels-Kathedrale von Brüssel dargestellt und bis heute erhalten. Einem anderen Blutmärchen zufolge, brauchten Juden das Blut von Christen zur Heilung ihrer Hautkrankheiten. Dass sie häufig daran erkrankten, sei die Folge ihres größten Verbrechens – der Kreuzigung Christi. Darum töteten die Juden angeblich mit Vorliebe unschuldige kleine Kinder, denen noch der „Taufzauber" anhafte.

Noch lange nicht ausgestorben

Im heutigen Syrien ist das Buch des Verteidigungsministers Mustafa Tlass Matzah of Zion schon seit zwanzig Jahren ein Bestseller. In diesem Buch werden die Juden beschuldigt, Kinder zu töten, um mit deren Blut Matzen zuzubereiten. Auf dem arabischen Satellitensender Manar, einem Sender der Hisbollah, wurde 2003 eine 30-teilige Serie mit dem Titel „Die Verbrechen der zionistischen Geschichte" ausgestrahlt. Auch hier wurden Juden gezeigt, die an einem Christenkind einen Ritualmord begehen, um das Blut für die Zubereitung ihrer Matzen zu verwenden. Antisemitische Legenden sind noch lange nicht ausgestorben.

Eine jüdische Erfindung?

Die Vorstellung, der Kommunismus sei eine „jüdische Erfindung", hat im letzten Jahrhundert vor allem in Osteuropa großen Anklang gefunden. Dieser Gedanke hat stark zu der bereits bestehenden antijüdischen Haltung in diesen Ländern beigetragen. Es stimmt, dass die kommunistische Bewegung im ersten Jahrzehnt des 20. Jahrhunderts eine große Anziehungskraft auf eine Vielzahl jüdischer Arbeiter gehabt hat – vor allem in Russland. Für sie war der Kommunismus ein großer Schritt nach vorn, im Gegensatz zum rückständigen zaristischen Reich mit seinen jüdischen Pogromen und dem von der orthodoxen Kirche geschürten Judenhass. Die bolschewistische Bewegung Russlands wurde anfänglich unter anderem von einer Gruppe jüdischer Künstler und Intellektueller getragen. Aber bereits nach kurzer Zeit der Machtübernahme der Bolschewisten wandte sich die Revolution gegen die Juden. Jüdische Einrichtungen wurden geschlossen, das Hebräische als reaktionäre Sprache verboten und Zionisten verfolgt. Stalin führte sowohl vor als auch nach dem Zweiten Weltkrieg intensive Kampagnen gegen die jüdische Bevölkerung. Trotzdem wird vor allem in den Ländern des ehemaligen Ostblocks der Legende, der Kommunismus sei eine jüdische Erfindung, auch heute noch Glauben geschenkt.

Rechts:
Diese Darstellung aus dem Hortus Delicarium, entstanden zwischen 1175 und 1195, zeigt die Qualen, die Juden in der Hölle zu erwarten haben. Bei dem Hortus Delicarium („Garten der Köstlichkeiten“) handelt es sich um ein mit 350 Illustrationen bebildertes enzyklopädisches Werk, welches das theologische und profane Wissen der damaligen Zeit zusammenfasste.

Unten:
Die Fenster der Catédrale St. Michel et Gudule in Brüssel bilden Juden ab, die gerade eine Hostie entweihen. Nach damaliger Meinung vieler Christen würden Juden mit Dolchen in Hostien (für Katholiken der Körper Jesu Christu) stechen – und mit diesem Akt Gottes Sohn immer wieder ermorden.

16 Woher stammen die wirtschaftlichen Stereotypen über Juden?

Die religiös geprägten Mythen des Mittelalters haben sich im Laufe der Jahrhunderte meistens an den wirtschaftlich gefärbten, stereotypen Klischees über Juden aufgehängt. Der Theologe Luther spickte seine theologischen Angriffe gegen die Juden mit starken Protesten gegen den jüdischen Wucher. Der jüdische Hehler ist vielleicht das klassischste antisemitische Stereotyp. Wie so oft bei Stereotypen, steckt auch in diesem Bild ein Funken Wahrheit. Vom Mittelalter bis hin zur Moderne waren die Juden in vielen Fällen oft die einzigen Geldhändler weit und breit. Fürsten und Adelige hatten oft jüdische Finanzverwalter in ihren Diensten. In Polen – ein Land mit einer großen jüdischen Gemeinschaft – bildeten die Juden oft die finanzielle Schaltstelle zwischen Bauern und Adel. Sie waren für das Eintreiben der Pacht zuständig. Geldhandel war einer der wenigen Berufe, dem die Juden überhaupt nachgehen durften, und in gewissem Sinne hat das zum Überleben der jüdischen Gemeinschaften beigetragen.

Seite 59:
Ein Jude, dargestellt als raffgieriger Börsenspekulant, wie er auf seinem Geldsack sitzt. Eine Zeichnung aus dem antisemitischen Kinderbuch „Der Giftpilz" (1938).

Gegen viel Geld konnten sich reiche Juden den Schutz der weltlichen Machthaber kaufen – in Sicherheit aber waren sie nie wirklich. Das soll aber nicht heißen, dass alle Juden Geldhändler waren, im Gegenteil. Die meisten Juden in Europa waren kleine Bauern und Hausierer und lebten in Armut. Richtiger Handel, und vor allem der Geldhandel, war nur für eine kleine Minderheit möglich. Die Personifizierung des jüdischen Hehlers wurde Shylock, den William Shakespeare im Jahr 1600 für das

„Der Gott des Juden ist das Geld. Und um Geld zu verdienen, begeht er die größten Verbrechen. Er ruht nicht eher, bis er auf einem großen Geldsack sitzen kann, bis er zum König des Geldes geworden ist.“

Theaterstück „Der Kaufmann von Venedig“ geschaffen hat. Der Kaufmann Antonio leiht sich vom jüdischen Geldgeber Shylock 3000 Dukaten. Dafür unterzeichnet er ein Schuldbekenntnis, das besagt, dass Shylock ein Pfund Fleisch aus seinem Körper schneiden darf, falls er das Geld nicht zurückbezahlen kann. Antonio verliert das Geld, und Shylock will das Schuldbekenntnis einlösen. Es kommt zum Prozess, bei dem Shylock schließlich den Kürzeren zieht und sich zum Christentum bekehren muss. In der Figur des Shylock sind die beiden stärksten antisemitischen Bilder zu Shakespeares Zeit vereint: der jüdische Hehler und der Jude, der auf das Blut der Christen aus ist.

Auch zu späteren Zeiten ist die Verbindung von Juden und Geld Grundlage für Stereotype und Metaphern gewesen. In zahlreichen sozialistischen Schriften aus dem 19. und 20. Jahrhundert wurde den Juden die Schuld am Kapitalismus und dessen Auswüchsen gegeben. Der „reiche Jude“ war oft der sichtbarste Jude und stand deshalb symbolisch für alle Juden. Für Karl Marx, selbst jüdischer Abstammung, war Judentum und Kapitalismus sogar überwiegend ein und dasselbe. In seiner Schrift „Zur Judenfrage“ von 1844 nannte er das Judentum das gegenwärtige asoziale Element: „Was ist der weltliche Grund des Judentums? Das praktische Bedürfnis, der Eigennutz. Welches ist der weltliche Kultus des Juden? Der Schacher. Welches ist sein weltlicher Gott? Das Geld.“ Die Millionen von namenlosen, armen Juden dieser Zeit, die Straßenhändler, Hausierer und Fabrikarbeiter, kommen in Marx’ Überlegungen nicht vor.

Shakespeare Viel persönliche Erfahrung mit Juden kann Shakespeare nicht gehabt haben. Zu seiner Zeit wohnten ungewöhnlich wenig Juden in England. Alle Juden waren 1290 aus England vertrieben worden. Nur wenige, aus Spanien und Portugal geflohene Conversos – also zum Christentum bekehrte Juden – lebten Ende des 16. Jahrhunderts in der englischen Hauptstadt.

Es ist nicht ganz sicher, ob eine italienische Novelle aus dem 14. Jahrhundert für „Der Kaufmann von Venedig" Modell gestanden hat oder ob sich Shakespeare hauptsächlich vom Theaterstück „Der Jude von Malta" von Christopher Marlowe hat inspirieren lassen, das 1589 mit viel Erfolg in London aufgeführt wurde. Der erste Satz von Shylock in „Der Kaufmann von Venedig" besteht aus nur vier Wörtern: „Three thousand ducats, well." („Dreitausend Dukaten – gut.") Nach Ansicht des amerikanischen Schriftstellers Philip Roth haben diese vier Wörter jahrhundertelang zur Stigmatisierung der Juden beigetragen und bestimmen noch bis heute ihr Schicksal.

Fagin

In seinem Buch „Oliver Twist" hat Charles Dickens die groteske Karikatur eines jüdischen Hehlers entworfen: Fagin. Das Buch, das in den Jahren 1837 bis 1839 geschrieben wurde, ist ein leidenschaftlicher Protest gegen das Armengesetz („Poor Law"), das 1834 vom englischen Parlament verabschiedet wurde. Der Titel ist auch eine Parabel, der Kampf zwischen Gut – der Junge Oliver Twist – und Böse – der jüdische Geizhals Fagin. Fagin ist kein gewöhnlicher Schurke, sondern entspricht dem Klischee des klassisch-kauzigen Juden, das seit dem Mittelalter kursiert. Dickens hat ihn äußerst negativ konzipiert und mit den drastischsten jüdischen Stereotypen – Hakennase und gierigen Augen – versehen. Diese negative, antisemitische Karikatur hat Dickens später bedauert. Bei einer späteren, überarbeiteten Fassung Oliver Twists hat Dickens viele negative Passagen über Fagins Jüdisch-Sein gestrichen. In seinem letzten Roman „Our Mutual Friend" hat er – als weitere „Bußetat" – mit Riah eine sympathische Romanfigur entworfen, die sich ausdrücklich vom Antisemitismus distanziert.

17 Woher kommt die Vorstellung von der jüdischen Weltverschwörung?

Das Buch „Die Protokolle der Weisen von Zion“ ist der einflussreichste antisemitische Text der Welt. Den „Protokollen“ zufolge, ist es die Absicht der Juden, die Weltherrschaft an sich zu reißen. Darum werden sie häufig als Schlangen, Spinnen oder Kraken dargestellt. Diese Fotos entstammen den Titelblättern von Finnish edition (1924), Arabic editon (1976) und French edition (1934), s. S. 63.

Die Legende, „die Juden“ beabsichtigten die Eroberung und Beherrschung der Welt, hat eine wichtige Rolle in der nationalsozialistischen Propaganda Deutschlands in der ersten Hälfte des 20. Jahrhunderts gespielt. Der Mythos des weltweiten jüdischen Komplotts stammt aus dem Mittelalter (siehe Frage 15), aber zu Anfang des 20. Jahrhunderts wurde er vom russischen Geheimdienst durch die „Protokolle der Weisen von Zion“ zu neuem Leben erweckt. Keine andere antisemitische Hetzschrift hat eine so große Verbreitung und einen derart schädlichen Einfluss gehabt, wie diese „Protokolle“. Der bekannte amerikanische Autofabrikant Henry Ford I, der ein sehr antisemitisch gefärbtes Weltbild hatte, ließ in den 1920er-Jahren des letzten Jahrhunderts die „Protokolle“ ins Englische übersetzen und sorgte für eine groß angelegte Verbreitung in den Vereinigten Staaten. Für die Verbreitung in zahlreichen europäischen Ländern hat die katholische Kirche gesorgt. Noch heute werden die „Protokolle“ in hohen Auflagen in der arabischen Welt gedruckt. Das ägyptische Fernsehen hat 2002 eine große Soap-Serie produziert, die auf den „Protokollen“ basiert. Diese Serie, die den Namen „Reiter ohne Pferd“ trägt, wurde in vielen arabischen Ländern im Fernsehen ausgestrahlt. Die „Protokolle“ finden sich auch auf zahlreichen rechtsextremen Websites im Internet. Sie basieren größtenteils auf fiktiven (teils satirischen) literarischen Texten aus der zweiten Hälfte des 19. Jahrhunderts und erzählen von 24 geheimen Versammlungen der so genannten Weisen von

Zion, eine anonyme Gruppe reicher und machtbesessener Juden. In den Texten beschäftigt sich die Gruppe mit der Frage, wie sie die christlichen Gemeinden vernichten und eine jüdische Weltregierung errichten kann. In ihrem Kampf gegen Kirche und Staat benutzen die Weisen von Zion die Freimaurerlogen. 1903 wurden die „Protokolle“, jetzt als Tatsachenbericht, zum ersten Mal in einer Sankt Petersburger Zeitung veröffentlicht, und schon bald folgten weitere Veröffentlichungen, manchmal sogar in sehr unterschiedlichen Bearbeitungen. Im Gegensatz zur landläufigen Meinung, haben die „Protokolle“ im Russland vor der Revolution wenig Einfluss gehabt, sondern wurden erst kurz nach der Revolution von den Gegnern des Kommunismus in ihrem Kampf gegen den „jüdischen Bolschewismus“ eingesetzt. Die katholische Kirche hat in vielen europäischen Ländern die Protokolle vor dem Krieg benutzt, um die Juden als Gegner des Christentums darzustellen. Die „Protokolle“ sind ein exemplarisches Beispiel für eine Verschwörungstheorie und wohin sie führen kann.

Verfasser unbekannt

Es ist nie ermittelt worden, wer die ersten „Protokolle“ geschrieben hat, der Autor – beziehungsweise die Autoren – blieb(en) unbekannt. Eine Theorie besagt, die Texte seien in Paris von einem oder mehreren Mitgliedern der zaristischen geheimen Polizei in Frankreich, der Okhrana, geschrieben worden. Eine andere Theorie geht davon aus, dass der Journalist, der die ersten „Protokolle“ in Sankt Petersburg publizierte, auch gleichzeitig der Autor (oder einer der Autoren) ist. Erst später sollen sie „französisiert“ worden sein. Wie dem auch sei: Daran, dass die „Protokolle“ eine Erfindung sind, besteht kein Zweifel.

Ford

In den 1920er-Jahren des vorherigen Jahrhunderts finanzierte der bekannte amerikanische Autofabrikant Henry Ford I eine englischsprachige Ausgabe der Protokolle der Weisen von Zion. Sie erschienen jahrelang als Feuilleton in der von ihm finanzierten Zeitung „Dearborn Independent“, einem Blatt, das gratis an die Arbeiter der Fordwerke verteilt wurde. Ford war zu diesem Zeitpunkt einer der reichsten und einflussreichsten Industriellen Amerikas. 1927 jedoch entschuldigte er sich bei der jüdischen Gemeinschaft Amerikas für seine antisemitische Kampagne, eine Entschuldigung, die er 1942 öffentlich wiederholte. Um den Makel des Antisemitismus loszuwerden, haben die Familie Ford und die Ford-Fabrikanten seitdem allerlei Projekte zum Wohle der jüdischen Gemeinschaft in Amerika finanziell unterstützt.

Alexandria

2003 wurde in einer Ausstellung in der großen Bibliothek von Alexandria ein Exemplar der „Protokolle der Weisen von Zion" neben ein Exemplar der Thora gelegt. Die Bibliothek, die vor einem Jahr eröffnet worden war und die berühmte alte, leider zerstörte Bibliothek ersetzt, hat den Auftrag, als Zentrum für Dialog und Kultur zu fungieren. Nachdem ein Sturm der Kritik sowohl in der israelischen als auch in der ägyptischen Presse ausbrach, wurde das Exemplar der „Protokolle" aus der Ausstellung entfernt.

18 Gibt es die „mächtige jüdische Lobby" wirklich?

Die Annahme, „die Juden" hätten in den Vereinigten Staaten Amerikas das eigentliche Sagen, ist ein Mythos der Gegenwart. Dabei wird oft auf den großen Einfluss „der jüdischen Lobby" verwiesen. Dieser Einfluss ist für einige sogar der Beweis dafür, dass Israel in Amerika, mehr oder weniger im Geheimen, die Fäden zieht. Anders als in vielen europäischen Ländern, ist eine politische Lobby in den Vereinigten Staaten eine feste Institution. Organisationen, die bei Politikern in Washington für eine bestimmte Sache oder einen Standpunkt eintreten wollen, können sich registrieren lassen und bekommen dann Zugang zum Capitol Hill, dem Sitz der gesetzgebenden Instanz, und manchmal sogar zum Weißen Haus, dem Sitz der exekutiven Instanz. Von einer jüdischen Lobby kann jedoch keine Rede sein; wohl aber

Seite 65: *Französische Karikatur von 1898: Der jüdische Bankier Rothschild als Symbol für das jüdische Bemühen um die Weltherrschaft.*

von einer einflussreichen Israel-Lobby, die im Übrigen zu mehr als der Hälfte aus protestantisch-christlichen Organisationen und einer Reihe bekannter, nicht speziell jüdischer Brain-Trusts – also eines Beraterstabes – besteht.

Die größte und einflussreichste jüdische Organisation innerhalb der Israel-Lobby ist das American Israel Public Affairs Committee, kurz AIPAC genannt. AIPAC ist ein Dachverband und vertritt ein breites Spektrum der amerikanischen Juden, von der linken Organisation Americans for Peace bis hin zur militant rechten Zionist Organisation

Juden als Manipulatoren des Weltgeschehens.

Al-Watan (Kuwait), 17. Februar 2003

Al-Ahram (Ägypten), 26. Dezember 2002

Al-Hayat Al-Jadida, 16. November 2002.

Al-Ittihad (Israel), 1. August 2002

of America. Nach Angaben von AIPAC vertreten sie 4,5 Millionen amerikanische Juden. Die amerikanisch-jüdische Bevölkerung ist sehr gemischt und oft äußerst geteilter Meinung, außer in einem Punkt: Fast jeder steht hinter der Existenz und dem Fortbestand Israels. Meinungsumfragen zufolge ist die Mehrheit der amerikanischen Juden seit mehr als 15 Jahren für die Gründung eines palästinensischen Staates; die AIPAC jedoch hat sich wiederholt dagegen ausgesprochen. Nach Meinung der amerikanischen Zeitschrift Forbes ist die AIPAC der dritteinflussreichste Lobbyclub in Washington. Die Waffenlobby, vertreten in der NRA (National Rifle Association), und die Seniorenlobby (die American Association for Retired Persons, die AARP) stehen an erster und zweiter Stelle. Im Gegensatz zur landläufigen Meinung, werden Politiker und Politikeranwärter nicht direkt unterstützt oder finanziert, sondern indirekt. Die AIPAC hat ungefähr 100 Beschäftigte und verfügt über ein Jahresbudget von 47 Millionen Dollar.

Außer der Israel-Lobby gibt es in Washington auch eine arabische Lobby, die älter, aber kleiner ist. Der Einfluss der Lobbyisten auf die amerikanische Politik im Mittleren Osten wird oft überschätzt. In Zeitungen oder im Internet veröffentlichte Artikel zu diesem Thema basieren in der Regel auf zweifelhaften Tatsachen und ziehen daraus den Schluss, die israelische Lobby verfüge über großen Einfluss beziehungsweise schreibe sogar die amerikanische Außenpolitik vor. Eine ausführliche Untersuchung über die Meinungs- und Beschlussbildung bezüglich des Mittleren Ostens in rund 780 konkreten Fällen zeigt, dass die Israel-Lobby in den Vereinigten Staaten nach dem Zweiten Weltkrieg in 60 Prozent der Fälle den amerikanischen Kongress von seinem Standpunkt überzeugen konnte. Bei 27 Prozent der Fälle, in denen der Standpunkt der AIPAC dem des amerikanischen Präsidenten widersprach, entschied sich der Kongress für den Standpunkt der AIPAC.

Übrigens: Der entscheidende Grund für den Erfolg der Israel-Lobby in den Vereinigten Staaten liegt darin, dass sowohl Republikaner wie Demokraten, sowohl Wähler wie auch Politiker das wichtigste Ziel der Lobby – die Unterstützung des Staates Israel – unterstützen.

19 Beherrschen die Juden die Wall Street und Hollywood?

Dass die Wall Street und Hollywood von Juden beherrscht werden, ist die moderne Übersetzung des klassischen antisemitischen Mythos, Juden seien auf Macht aus, wenn nicht sogar auf die Weltherrschaft. Nicht nur in den

Der sehr erfolgreiche Film „Die Passion Christi" (2004) von Regisseur und Schauspieler Mel Gibson zeigt das Leiden und den Tod des Jesus von Nazareth. Allerdings stieß dieser Film auf heftige Kritik für seine grausamen Bilder und antijüdischen Tendenzen.

INRI

__Seite 68:__
Das weltweit bekannteste Passionsspiel ist das Oberammergauer Passionsspiel (seit 1634), bei dem von den Bewohnern des Ortes in sechs Stunden die letzten fünf Tage aus dem Leben Jesu nachgespielt werden. Die Geschichte der Inszenierungen dieser Oberammergauer Passionsspiele ist allerdings nicht unbelastet, da Hitler diese Spiele für seine antijüdische Propaganda benutzte.

Vereinigten Staaten, sondern überall auf der Welt taucht diese Vorstellung auf. Meinungsumfragen zufolge, ist ein Drittel der amerikanischen Bevölkerung der Meinung, Juden seien an der Wall Street zu mächtig. Genau wie jede andere Verschwörungstheorie auch, bilden die Geschichten über den jüdischen Einfluss auf die amerikanischen Medien und die amerikanische Finanzwelt eine zeitgenössische antisemitische Legende, die nur schwer mit Fakten und Zahlen zu entkräften ist. Nirgendwo wird festgehalten, wie viele Juden in Hollywood und an der Wall Street beschäftigt sind. Außerdem: Wer dieser Legende glaubt, würde auch gegenteiligen Zahlen nicht glauben.

Niemand wird bestreiten, dass polnisch-jüdische Immigranten, wie Samuel Goldwyn, Jack und Harry Warner und Louis B. Mayer, bedeutende Begründer der Filmstudios in Hollywood waren. Aber nur wenige wissen, dass Hollywood eine antisemitische Filmgeschichte hat. Zu Anfang des vorigen Jahrhunderts wurden von großen Produktionsgesellschaften, wie Universal und Keystone, so genannte „Jew Movies" (jüdische Filme) produziert, Filme, in denen Juden vorkamen, die kriminell, geizig und gerissen waren. Diese „Jew Movies" waren sehr beliebt; durchschnittlich wurden zwei pro Woche produziert. Erst, als Universal die Produktion dieser Filme einstellte, nahm das Interesse ab.

Trotzdem hat Henry Ford I. in den 20er-Jahren des 20. Jahrhunderts in seinen öffentlichen antisemitischen Kampagnen jahrelang behauptet, „die amerikanische Filmindustrie wird moralisch und finanziell von jüdischen Manipulatoren der öffentlichen Meinung bestimmt". Geschichten dieser Art machen noch immer – zum Beispiel im Internet – die Runde. Diese Behauptungen sind nicht nur faktisch falsch – die wichtigsten Filmstudios Hollywoods sind derzeit im Besitz von ausländischen Investoren und Banken –, die amerikanischen Juden, die aktiv in der Filmindustrie arbeiten, arbeiten dort als Einzelpersonen, also nicht als Vertreter ihrer Religion oder einer Gruppe. Und ganz sicher nicht in der Absicht, sich zusammen zu verschwören. Die gleiche Argumentation trifft natürlich auch auf den Mythos des jüdischen Einflusses an der Wall Street zu. Genau wie in Europa, hat eine Reihe jüdischer Bankiers in den Vereinigten Staaten von Amerika in den vergangenen 100 bis 150 Jahren eine führende Rolle gespielt. Aber die Tatsache, dass einzelne Juden in der amerikanischen Bank- und Geschäftswelt erfolgreich gewesen sind, bedeutet nicht, dass man von einem „jüdischen Einfluss" an der Wall Street sprechen kann. Sofern Juden in der Gesellschaft geschäftlich aktiv sind, sind sie das als Einzelpersonen, nicht als Juden und nicht als Vertreter ihrer Religion oder einer Gruppe. Bei diesem Vorurteil geht es nicht um die Kombination von Wörtern wie „Juden" und „Wall Street" oder „Juden" und „Hollywood", sondern es geht um Wörter wie „bestimmen", „beherrschen" und „Macht".

Mel Gibson

Zum Thema antijüdischer Spielfilm: Viele Kinozuschauer fanden den Tenor des Films „The Passion of the Christ" („Die Passion Christi") von Mel Gibson judenfeindlich. Der Film, der 2004 zum ersten Mal in den Kinos gezeigt wurde, erzählt die Passionsgeschichte, die Geschichte vom Leiden und Sterben Jesu Christi am Kreuz. Die Darstellung der Passionsgeschichte zum Beispiel als Theaterstück (Passionsspiel), ist früher in Europa oft Anlass zum Aufpeitschen antijüdischer Stimmungen gewesen. Schließlich hatten „die Juden" Jesus Christus ermordet. Schon vor dem Erscheinen des ziemlich blutigen und gewalttätigen Films wurde Gibsons Vorhaben von jüdischen Organisationen in Amerika kritisch kommentiert: Der Film würde den Judenhass anstacheln. Nicht zuletzt durch diese Vorberichterstattung, wurde der Film in Amerika und Europa ein großer Erfolg. Auch im Mittleren Osten wurde der Film gut besucht. Und das, obwohl Jesus Christus – für Muslime ein wichtiger Prophet – dem Koran nach nicht gekreuzigt wurde und starb, sondern von Allah in den Himmel gerufen wurde. Außerdem ist das Abbilden von Propheten und Personen des Korans nicht nur unüblich, sondern in der islamischen Welt sogar verboten.

20 Sind alle Juden reich?

Diese antisemitische Karikatur aus dem Jahr des großen Börsenkrachs 1873 zeigt das Klischee des jüdischen Großverdieners an der Börse. Angeblich erst nach dem großen Börsenkrach muss auch ein Jude zur Sicherung seines Überlebens ausnahmsweise mal Stiefelputzen.

Ein altes, weitverbreitetes und darüber hinaus auch noch hartnäckiges Vorurteil ist, dass alle Juden reich sind. Ein sachlicher Blick auf die sozialökonomischen Zahlen reicht aus, um dieses Vorurteil zu entkräften. Im heutigen Israel zum Beispiel, lebt jede fünfte Familie unter der Armutsgrenze. Nach den Zahlen des nationalen Versicherungsinstituts – eine israelische Behörde, die die Ausgabe der Sozialgelder überwacht –, lebt sogar jedes dritte Kind in Israel in Armut. Untersuchungen in den Vereinigten Staaten haben gezeigt, dass durchschnittlich etwa 12 Prozent der amerikanischen Juden unter der Armutsgrenze leben, eine Zahl, die mit dem allgemeinen Durchschnitt übereinstimmt. Fast 20 Prozent der amerikanischen Juden leben in einer Familie, die weniger als 25 000 Dollar im Jahr zur Verfügung hat. Das ist in den Vereinigten Staaten die Grenze für die Kategorie „niedriges Einkommen" beziehungsweise „fast arm". Die sozialökonomische Stellung eines durchschnittlichen Juden ist, grob gerechnet, vergleichbar mit der eines „Durchschnittsamerikaners". Über die soziale Stellung der Juden in Deutschland sind keine Zahlen bekannt. Auch ein Blick auf die europäische Geschichte zeigt, dass viele Juden arm – wenn nicht sogar sehr arm – gewesen sind. Natürlich hat es auch immer reiche Juden gegeben; sie sind für den Fortbestand der jüdischen Gemeinschaft oft sogar lebenswichtig gewesen. Steuertechnisch gesehen, werden Juden in vielen europäischen Ländern als Einheit veranschlagt. Im Mittelalter beispielsweise mussten Juden in vielen Städten oft kollektiv eine Steuer zahlen. Das Geld der reichen Juden hat eine Schlüsselrolle in Bezug auf die Überlebenschancen der jüdischen Gemeinschaft gespielt. Sie bestritten nicht nur ihren eigenen Unterhalt, sondern versorgten auch die Armen ihrer Gemeinschaft. Der größte Teil der Juden in Russland, Polen und dem Habsburger Reich – vor hundert Jahren die drei Länder mit dem mit Abstand größten jüdischen Bevölkerungsanteil – waren ebenfalls „arme Schlucker". Im Gegensatz zu den Juden in Russland, die vor allem wegen der Pogrome flohen, waren die Gründe für die große jüdische Emigration um 1900 aus Polen und dem Habsburger Reich in die Vereinigten Staaten vor allem wirtschaftlicher Art. Zu dieser Zeit ging es den Juden in den Ländern rund ums Mittelmeer vermutlich am schlechtesten. In den westeuropäischen Ländern, Frankreich vorneweg, wurden innerhalb der jüdischen Gemeinden Aktionen organisiert, um Geld für die Glaubensgenossen in Nordafrika zu sammeln. Das Vorurteil, alle Juden seien reich, ist im Laufe der Jahrhunderte immer wieder damit bekräftigt worden, dass man auf die einflussreichen jüdischen Bankiers und die erfolgreichen jüdischen Kaufleute verwies. Vorurteile werden als „bewiesen" erklärt, indem man Einzelbeispiele nennt, die das Vorurteil bestätigen. Aber überall und immer gilt, dass Reichtum in der Regel besser sichtbar ist als Armut. Wohlhabende Leute sind viel aktiver in allerlei gesellschaftlichen Organisationen, treten mehr in den Vordergrund und sind auch in den Medien sichtbarer. Arme Leute schämen sich oft für ihre Armut und versuchen, sie zu verbergen.

Vor dem Zweiten Weltkrieg lebte der Großteil der arbeitenden Juden Amsterdams auf engstem Raum in 1-Zimmer-Wohnungen in schmutzigen Straßen und engen Hinterhöfen.

Fragen 21 bis 29

Fragen zu Juden, Christen und Muslimen

21. Bestand immer eine Feindschaft zwischen Juden und Christen?
22. Sind Juden und Muslime immer miteinander verfeindet gewesen?
23. Hatten Juden unter muslimischer Herrschaft mehr Rechte als unter christlicher?
24. Ist das Neue Testament antisemitisch?
25. Warum wurden Juden von vielen Christen als Gottesmörder angesehen?
26. Sind Katholiken schon immer judenfeindlicher gewesen als Protestanten?
27. Was sagt der Koran über Juden?
28. Warum haben viele Juden im Laufe der Jahrhunderte ihren Glauben geändert?
29. Gibt es derzeit einen islamischen Antisemitismus?

21 Bestand immer eine Feindschaft zwischen Juden und Christen?

Die Kirche – symbolisiert durch die stolze Ekklesia – siegt auf dieser Abbildung über das Judentum, das als Synagoga mit verbundenen Augen zu ihren Füßen gezeigt wird.

In den vergangenen 2000 Jahren gab es immer wieder Zeiten, in denen Christen und Juden nicht einträchtig zusammenlebten. Das Christentum sah sich – und sieht sich manchmal auch heute noch – als eine Fortsetzung, und oft auch als Ersatz, des Judentums. Juden haben ihrerseits den zentralen Glaubensartikel der christlichen Kirche – dass Jesus Christus der Sohn Gottes und der Messias (wörtlich: „der Gesalbte") sei – niemals akzeptiert. In ihren theologischen Schriften waren Christen wie Juden beiderseitig sehr polemisch. Viele Christen sahen Juden als Gottesmörder an (siehe weiter Frage 25) oder als Ungläubige, die noch durch die Macht der Argumente oder auch mit Zwang und Gewalt bekehrt werden mussten.

Nach religiöser Toleranz muss man in der europäischen Geschichte eigentlich eher suchen. Dafür sind die Kreuzzüge und die Inquisition grausame und blutige Beispiele. Aber es gab hat auch lange Zeiträume, in denen Christen und Juden friedlich nebeneinanderlebten. Wenn die Geschichte der Juden in Europa eine Geschichte von zwanzig Jahrhunderten Verfolgung gewesen wäre, würden dort schon längst keine Juden mehr leben.

Spanien im Mittelalter, damals das europäische Land mit den meisten Juden, ist ein gutes Beispiel für diese religiöse Toleranz. Das berühmte Kalifat von Córdoba, als ein großer Teil Spaniens unter islamische Herrschaft fiel, war tolerant gegenüber Christen und Juden. Aber auch im 13. und 14. Jahrhundert, als christliche Könige den größ-

ten Teil Spaniens von den islamischen Herrschern „zurückerobert“ hatten, lebten Juden, Muslime und Christen jahrhundertelang neben- und miteinander. Für die drei Gemeinschaften war dies in erster Linie eine Ära des Wohlstands und der Blüte. Dem Historiker Norman Roth zufolge, war Spanien die einzige echte pluralistische (multiethnische, würden wir heute sagen) mittelalterliche Gesellschaft, die erst im Spätmittelalter, vor allem im 15. Jahrhundert, zerbrochen ist. Zuerst wurden die Juden und später auch die Muslime aus dem Land vertrieben. Vor allem die katholische Kirche hat sich viele Jahrhunderte lang scharf von den „ungläubigen“ Juden abgegrenzt. Antijudaismus war bis ins 20. Jahrhundert hinein ein fester Bestandteil der katholischen Identität.
Man könnte eine lange Liste antijüdischer päpstlicher Äußerungen und Verordnungen anlegen. Im Vatikanstaat, der 1870 mit der Vereinigung Italiens als Flächenstaat zu existieren aufhörte, waren Juden länger Opfer diskriminierender Bestimmungen als andernorts in Europa. Das römische Getto war das letzte „echte“ jüdische Getto. Erst in den 1960er-Jahren unternahm die katholische Kirche nach dem Zweiten Vatikanischen Konzil Schritte, um mit ihrer antijüdischen Geschichte ins Reine zu kommen. Papst Johannes Paul II. war der erste Papst in der Geschichte, der eine Synagoge besuchte und im Namen der Kirche ein Schuldbekenntnis abgelegt hat.

Kreuzzüge

Die Kreuzzüge im 12. und 13. Jahrhundert wurden aktiv von der katholischen Kirche unterstützt. Bauern, Ritter, Abenteurer und manchmal auch Kinder machten sich – oft zu Fuß und angespornt durch „das Kreuz“ – von zahlreichen europäischen Ländern aus auf, um das Heilige Land, Palästina, von den Muslimen zurückzuerobern. Die Geschichte der Kreuzzüge ist eine Geschichte mit vielen blutigen Ereignissen und bestimmt bis auf den heutigen Tag das Bild, das Christen und Muslime voneinander haben. Weniger allgemein bekannt ist die Tatsache, dass oft Juden die ersten Opfer der Kreuzfahrer waren. In Städten wie Trier, Mainz, Worms und Köln wurden die Juden von den Kreuzfahrern vor die Wahl gestellt: Bekehrung zum

Pius IX. war Papst von 1846–1878. Mit einer Gesamtdauer von fast 32 Jahren hatte er das längste historisch nachweisbare Pontifikat inne. Pio Nono, wie er auch genannt wurde, war zudem einer der antisemitischsten Päpste aller Zeiten.

Christentum oder den Tod. Die Zahl jüdischer Opfer war hoch: Vielleicht ein Drittel aller europäischen Juden nördlich der Alpen wurde von den christlichen Kämpfern ermordet. Oft haben kirchliche Autoritäten jener Zeit die gewalttätigen Übergriffe der Kreuzfahrer gegen die Juden verurteilt. Gewalt gegen Muslime und andere Ketzer war jedoch durchaus erlaubt.

Inquisition

Das Heilige Offizium der katholischen Kirche, kurz die Inquisition, hat es vom 12. bis zum 19. Jahrhundert gegeben. Die Inquisition war eingeführt worden, um Ketzer wieder auf den rechten Pfad zu bringen, und dies hatte sie in vielen Ländern mit oft harter Hand getan. Vor allem die spanische Inquisition war am Ende des 15. Jahrhunderts und in der ersten Hälfte des 16. Jahrhunderts berüchtigt. Entgegen der landläufigen Meinung richtete sich diese Inquisition weniger gegen Juden als gegen abtrünnige, ketzerische Christen. Vor allem unter den conversos, der großen Gruppe ehemaliger Juden, die sich im Jahrhundert davor massenhaft zum christlichen Glauben bekehrt hatten, hat die Inquisition zahlreiche Opfer gefunden. Bei einem Autodafé – der Vollstreckung eines Urteils der Inquisition –, die eine Art Mischung aus einer religiösen Versammlung und einer Hinrichtung war, wurden conversos zur Rechenschaft gezogen und zum Scheiterhaufen verurteilt – eine Strafe, die auch Hexen traf.

Antijüdische Päpste

In der Geschichte hat es nur wenige Päpste gegeben, die sich für die Juden eingesetzt haben. Dagegen lässt sich eine lange Liste von Päpsten zusammenstellen, die antijüdische Verordnungen und Gesetze erlassen haben und von denen antijüdische Urteile stammen. Bis tief ins 19. Jahrhundert hinein war der römische Papst auch der weltliche Herrscher über den damals so genannten Vatikanstaat. Juden mussten im Vatikanstaat 600 Jahre lang ein gelbes Symbol auf ihrer Kleidung tragen und wurden – bis weit ins 19. Jahrhundert hinein – bestraft, wenn sie es nicht taten. Die Rassengesetze der italienischen Faschisten in den 1930er-Jahren und die Nürnberger Rassengesetze der Nazis, mit denen die Juden ihrer Bürgerrechte beraubt wurden, orientierten sich zum Teil an den Maßregeln, die von der katholischen Kirche in Bezug auf die Juden bereits seit Jahrhunderten in die Praxis umgesetzt worden waren.

22 Sind Juden und Muslime immer miteinander verfeindet gewesen?

Genau wie das Christentum, hat auch der Islam viele historische und religiöse Berührungspunkte mit dem Judentum. Muslime glauben, genau wie Juden und Christen, an einen einzigen Gott. Aber im Laufe der Geschichte haben sich zwischen Islam und Christentum in Bezug auf das Judentum eine Reihe wichtiger Unterschiede entwickelt. Die zentrale Figur und Gründer des Islam ist der Prophet Muhammad, im Gegensatz dazu kennt das Christentum den Messias: Jesus von Nazareth, für Christen der Sohn Gottes. Muhammad wurde nie als Messias angesehen, sondern immer als ein, beziehungsweise als der Prophet. Außerdem ist der Koran für die Muslime eine neue Offenbarung und nicht, wie das Neue Testament für die Christen, die Erfüllung einer alten jüdischen Offenbarung.

In der Anfangsphase war das Christentum in erster Instanz eine jüdische Sekte; erst nach einer Weile schlossen sich auch Nichtjuden dieser neuen Glaubensrichtung an. Die Christianisierung in Europa hat viele Jahrhunderte gedauert. Der Islam dagegen hat in relativ kurzer Zeit einen großen Teil der Welt erobert: Er hat sich in kürzester Zeit – nicht nur durch Krieg – von Zentralasien bis Südspanien ausgebreitet. Im Jahr 900 nach Christus, nachdem der Islam sich in dieser riesigen Region ausgebreitet hatte, war, grob geschätzt, 1 Prozent der Bevölkerung jüdisch. In der muslimischen Welt wurden Christen und Juden als die „Menschen des Buches“ (gemeint ist die

Bibel, beziehungsweise der Tenach) bezeichnet und waren in der „dar al-Islam“, der Welt des Islam, mehr geschützt als Heiden. Jahrhundertelang waren sie jedoch den Regeln der Dhimma unterworfen; gegen Zahlung von Schutzgeldern und Sondersteuern konnten sie den Status von zweitrangigen Bürgern erwerben. Die Frage, ob Juden und Muslime schon immer verfeindet waren, kann verneint werden, sofern man eine Randbemerkung hinzufügt: Vierzehn Jahrhunderte lang haben jüdische Minderheiten in vielen Ländern und unter vielen Regimes friedlich in einer muslimischen Welt gelebt. Aber genau wie die Geschichte des christlichen Europas, gibt es auch in der Geschichte des Islams, neben friedlichen Zeiten und toleranten Regimes, kriegssüchtige Regierungen und intolerante Perioden. Unter vielen osmanischen Sultanen zum Beispiel, war das religiöse Klima relativ tolerant. Dagegen war das Klima gegenüber religiösen Minderheiten im Iran (Persien) zur Zeit der Safawiden, einer mächtigen schiitischen Dynastie, die von 1501 bis 1736 einen Großteil des Mittleren Ostens beherrschte, sehr intolerant. Unzählige Juden, aber auch Christen und Anhänger Zarathustras, waren in dieser Periode vielfältigen Schikanen und Unterdrückungen ausgesetzt, wurden verfolgt und zwangsbekehrt.

Dhimmis In der „dar al-Islam“ werden Juden, Christen und andere monotheistische Nichtmuslime „Dhimmis“ genannt. Für sie galten andere Lebensregeln als für Muslime. Das Statut der Dhimma soll aus der Zeit des ersten Kalifen, Omar I. (634–644), datiert sein. Dieses Statut, der so genannte Pakt des Omar, wurde jedoch erst 200 Jahre später auf Pergament festgehalten. Diesem Pakt zufolge, mussten Juden und Christen sich vor allem respektvoll gegenüber dem Islam verhalten. Dhimmis durften keine Waffen tragen, keine Pferde reiten und mussten bestimmte Kleidung oder bestimmte Abzeichen auf der Kleidung tragen, damit man sie von Muslimen unterscheiden konnte. Ihnen wurde eine Reihe mehr oder weniger erniedrigende Vorschriften auferlegt. Sie mussten höhere Steuern zahlen und diese manchmal öffentlich an den örtlichen Regierenden aushändigen. Das Statut der Dhimma ist in der gesamten muslimischen Welt in Kraft gewesen, wurde aber das eine Mal strenger, das andere Mal weniger streng angewandt.

Die jüdische Frau Muhammads

Erzählungen über das Leben des Propheten Muhammad und seiner Familie spielen eine wichtige Rolle in der islamischen Tradition. Weitgehend alles, was wir über ihn wissen, beruht auf mündlicher Überlieferung. Den Überlieferungen nach, wurde Muhammad ungefähr 570 nach Christus in Mekka geboren, im Klan der Haschimiten, und starb im Jahr 632. Zu Muhammads Lebzeiten gab es mehrere jüdische Klans in Mekka und Medina. Nach dem Kampf und dem Sieg über diese Klans (siehe Frage 27) heiratete er eine gefangen genommene jüdische Frau, Safiya, eine seiner vielen Frauen. Obwohl im Koran steht, dass Männer nur vier Frauen haben dürfen, wurde der Prophet in der Sure 33:51 von diesem Verbot freigesprochen.

23 Hatten Juden unter muslimischer Herrschaft mehr Rechte als unter christlicher?

Es ist natürlich nicht einfach, wenn nicht gar unmöglich, vierzehn Jahrhunderte Islam mit zwanzig Jahrhunderten Christentum zu vergleichen. Ganz allgemein kann man feststellen, dass Juden in der islamischen Welt immer diskriminiert, aber nur selten verfolgt wurden. In der Geschichte des christlichen Europas ist das anders gewesen. Es gibt aber auch auffallende Übereinstimmungen. Sowohl unter dem Islam als auch unter dem Christentum wurden Juden oft gezwungen, spezielle Kleidung oder Zeichen zu tragen. Es ist schwer, zu ermitteln, wer als Erster damit angefangen hat, aber wahrscheinlich stammt das Tragen eines stigmatisierten gelben Zeichens aus der islamischen Welt. Bereits zu Anfang des 9. Jahrhunderts befahl Kalif Harun al-Raschid Juden – aber auch Christen –, ein gelbes Stoffabzeichen oder Kleidungsstück zu tragen. In vielen europäischen Ländern mussten Juden ab dem 13. Jahrhundert einen gelben Kreis auf ihrer Kleidung tragen. Der gelbe Stern, den die Nationalsozialisten in den 40er-Jahren des 20. Jahrhunderts für die Juden eingeführt hatten, hat also eine jahrhundertealte Geschichte. Im christlichen Europa hat man stets viel Zeit darauf verwandt, den jüdischen Glauben zu widerlegen. Christen haben jahrhundertelang fanatisch versucht, die Juden zu bekehren; unter dem Islam ist dies viel weniger der Fall gewesen (siehe auch Frage 28). Zahlreiche christliche Theologen, Philosophen und Kirchenfunktionäre haben dafür antisemitische Legenden und Stereotype aufgebaut; muslimische Gelehrte und Schriftsteller haben dies im Laufe der Jahrhunderte in viel geringerem Maße getan. In der älteren muslimischen Literatur sind keine jüdischen Monster, wie Shylock in Shakespears „Der Kaufmann von Venedig" oder Fagin in Charles Dickens „Oliver Twist" zu finden. Antisemitische Stereotype finden erst ab dem 19. Jahrhundert ihren Einzug in die muslimische Welt, mit der Eroberung großer Teile arabischer Länder durch die europäischen Kolonialmächte. Es ist auffallend, dass fast alle antisemitischen Mythen, die bis heute in der arabischen Welt üppig wachsen, christlicher, beziehungsweise westlicher Machart sind.

Convivencia

Das mittelalterliche Spanien hatte seit der Eroberung durch die Muslime im Jahr 711 nach Christus bis zur endgültigen Vertreibung der Juden im Jahr 1492 jahrhundertelang die größte jüdische Gemeinschaft in ganz Europa. In vielerlei Hinsicht war dies ein zeitweise goldenes Zeitalter, vor allem in al-Andalus, dem muslimischen Teil Spaniens. In dieser Periode konnten die jüdische, christliche und islamische Kunst und die Wissenschaften wachsen und blühen. Eine Zeit, in der die schönsten maurischen Paläste gebaut wurden, Kalligrafen und Zeichner die prachtvollsten Thorarollen, Bibeln und Korane anfertigten und jüdische Literaturwissenschaftler lateinische Texte ins Arabische und arabische Texte ins Lateinische übersetzten.

Am Hofe Abd al-Rahman III. (912–961), der 50 Jahre lang das Kalifat von Córdoba regierte, spielten Juden eine wichtige Rolle. Spanische Historiker haben diesem Zeitalter einen passenden Namen gegeben: Convivencia, was so viel wie „in guter Harmonie zusammenleben" bedeutet.

24 Ist das Neue Testament antisemitisch?

Der fast 2000 Jahre alte religiöse Streit zwischen Juden und Christen dreht sich um die Frage des Wahrheitsgehaltes des Textes, den die Christen Neues Testament nennen. Für Christen ist Jesus Christus der Sohn Gottes und der Messias. Juden und Muslime sehen in ihm lediglich einen Propheten. Für den neutralen Leser sind die Schriften über Jesus, aufgezeichnet in den vier Evangelien, in einigen Punkten äußerst kritisch und negativ gegenüber Juden und Judentum. In verschiedenen Kapiteln, zum Beispiel im Matthäusevangelium, Matthäus 23, werden jüdische Schriftgelehrte scharf verurteilt und als blind, scheinheilig und als übertrieben bei der formalen Befolgung von Gesetzen und Geboten dargestellt. In Johannes 19 fordern die Juden die Kreuzigung Jesu Christi (siehe hierzu auch Frage 25). Diese und andere judenfeindliche Textpassagen sind in der Vergangenheit nicht nur dazu benutzt worden, um jüdische Glaubensgrundsätze anzugreifen, sondern auch, um Juden selbst zu bekämpfen – bis zu Verfolgung und Vertreibung. Unter Theologen und Kirchenhistorikern wird nicht nur die Frage diskutiert, ob das Neue Testament zu Antisemitismus angestiftet hat, sondern auch, ob das Neue Testament in seiner Gesamtheit eine antisemitische Intention hat.

Diese Frage lässt sich nicht mit einem einfachen Ja oder Nein beantworten. Weil unsere Kenntnis sowohl über den historischen Jesus als auch über Herkunft und Zeitpunkt der Niederschrift der vier Evangelien sehr begrenzt und fragmentarisch ist, wird sich diese Diskussion sicher noch hinziehen. War Jesus, wie einige jüdische Theologen behaupten, in erster Linie ein jüdischer Lehrer, der nach den Regeln der Thora lebte und sich weder von seinem Volk noch von seinem Glauben absetzte? Für gläubige Juden ist die Idee eines Messias, der erst leiden und sterben muss, um dann die Welt unverändert hinter sich zu lassen, diametral entgegengesetzt zu ihrer Heilserwartung. Wurde Jesus' Jüdisch-Sein von Kirchenvätern und christlichen Theologen nicht viel zu sehr außer Acht gelassen? Dies sind für Theologen und andere Interessierte spannende, aber schwer zu beantwortende Fragen.

Paulus

Der Apostel Paulus, von dem eine große Anzahl Briefe im Neuen Testament aufgenommen wurde, war der erste Missionar und, streng genommen, der eigentliche Gründer der christlichen Kirche, wie sie später genannt wurde. Für viele Christen ist Paulus der „Apostel der Heiden", der Mann, der in seinen Worten und Taten deutlich machen wollte, dass Jesus Christus der Messias ist – nicht nur vom jüdischen Volk, sondern von der ganzen Welt. Weil sich Paulus' Auffassung durchsetzte, konnte sich die jüdische Religion in eine Kirche für Nichtjuden wandeln; das Christentum wurde in den darauffolgenden Jahrhunderten zu einer weltweiten Religion. Einige jüdische Historiker machen aber gerade die Vorstellungen Paulus' dafür verantwortlich, dass in der christlichen Kirche später eine antijüdische Stimmung entstanden ist. In einer Reihe von Passagen seiner Briefe äußert er sich ziemlich negativ über die „ungläubigen" Juden. Auf jeden Fall aber wurden die Briefe in den folgenden Jahrhunderten regelmäßig dafür gebraucht, die religiöse Kluft zwischen Juden und Christen zu vergrößern.

„Apostel Paulus" von Dürer (1526)

Der Prophet Daniel, Glasmalerei im Augsburger Dom, erste Hälfte des 12. Jahrhunderts: Das Buch Daniel wird für Endzeiterwartungen von Christen und Juden gleichermaßen herangezogen.

25 Warum wurden Juden von vielen Christen als Gottesmörder angesehen?

Einer der schwerwiegendsten Vorwürfe, die viele Christen im Laufe der Geschichte gegenüber den Juden erhoben haben, ist der, schuldig zu sein am Mord Jesu Christi. Diese Vorstellung hat die Feindschaft der Christen gegenüber den Juden jahrhundertelang angefacht. Dabei wurde das Johannesevangelium aus dem Neuen Testament oft als Begründung angeführt, um die Juden als „Gottesmörder" zu beschuldigen. In Johannes 19,15 fordern Juden die Kreuzigung Jesu: „Weg mit ihm, kreuzige ihn!" Auch Matthäus 27,25 ist in diesem Zusammenhang ein viel verwendetes Zitat: „Sein Blut komme über uns und unsere Kinder!"

Die Vorstellung des Juden als Christusmörder hat zu der Verfolgung der Juden in Europa stark beigetragen. Abgesehen von der theologisch interessanten Frage, ob es überhaupt möglich ist, Gott oder eine Gottheit zu töten, muss man der Beschuldigung des Gottesmordes einige historische Randbemerkungen zufügen: In den vier Evangelien des Neuen Testaments steht, dass Jesus am Kreuz gestorben ist, eine für diese Zeit typisch römische Art der Hinrichtung. Nach dem jüdischen Recht war zu dieser Zeit die Steinigung die gebräuchlichste Art der Hinrichtung für einen zum Tode Verurteilten. Außerdem ist Jesus von Pontius Pilatus, dem damaligen römischen Präfekten, verurteilt worden; auch den ersten christlichen

Glaubensbekenntnissen zufolge, hat Jesus „unter Pontius Pilatus gelitten". Und eben nicht unter den Pharisäern, einer jüdischen Sekte, die im Matthäusevangelium als Erzrivalen von Jesus und seinen Anhängern bezeichnet werden. Und auch nicht unter Kaiphas, dem jüdischen Hohepriester. Die Tatsache, dass in der Geschichte des christlichen Denkens die Juden – und nicht die Römer – die Schuld an dem Urteil für die Hinrichtung Jesu bekommen haben, hat in erster Linie mit der späteren religiösen Rivalität zwischen Juden und Christen zu tun. Das Christentum hat sich in den ersten Jahrhunderten seines Bestehens von einer jüdischen Sekte zu einer nichtjüdischen Kirche entwickelt. Bei dieser Entwicklung hat der Vorwurf des Gottesmordes eine zentrale Rolle gespielt. (Übrigens: Aus religiöser jüdischer Sicht ist die Vorstellung eines Messias, der erst leiden und sterben muss, undenkbar.) Dieser endlos wiederholte Vorwurf des Gottesmordes hat direkt und indirekt zu viel Blutvergießen geführt, vor allem im Mittelalter, zu Zeiten der Kreuzzüge. Bis ins 20. Jahrhundert war dieser Mythos in der katholischen Kirche ein zentraler Glaubensartikel. Erst nach dem Zweiten Vatikanischen Konzil (1962–1965) hat sich das Denken der Kirche in Bezug auf Juden geändert. Das bedeutet jedoch nicht, dass die Vorstellung von den Juden als Christusmörder begraben wurde. Im aktuellen Konflikt zwischen Israelis und Palästinensern zum Beispiel taucht sie regelmäßig auf. So rief der Patriarch der griechisch-orthodoxen Kirche in Jerusalem 2001 in einem Brief an Jassir Arafat zum Kampf gegen Israel auf und betitelte die Israelis als „die Nachfahren derer, die den Herrn gekreuzigt haben [...], die jetzt faktisch Ihr Volk kreuzigen."

Augustinus von Hippo

Einer der erfolgreichsten Theologen und Philosophen der europäischen Geschichte ist Aurelius Augustinus (354–430), Bischof des nordafrikanischen Küstenortes Hippo (im heutigen Tunesien). Zur Zeit Augustinus' lebten viele Juden in Nordafrika. In seinem „Traktat gegen die Juden" bezeichnet Augustinus die Diaspora des jüdischen Volkes als Strafe für

die Kreuzigung Christi. Deswegen ist seiner Meinung nach das jüdische Volk der Gnade Gottes beraubt und – genau wie Kain – verflucht. Dennoch wendet sich Augustinus gegen die Verfolgung der Juden, und das mit einem höchst originellen Argument: Der Fortbestand des jüdischen Volkes ist ein Garant für den Wahrheitsgehalt des Alten Testaments und deswegen auch ein Zeuge der Wahrheit der Kirche. Damit dieses Zeugnis erhalten bleibt, brauchen die Juden ihre Religion und Bräuche nicht aufzugeben, findet Augustinus.

Nostra Aetate

„Obgleich die jüdischen Obrigkeiten mit ihren Anhängern auf den Tod Christi gedrungen haben (Johannes 19:6), kann man dennoch die Ereignisse seines Leidens weder allen damals lebenden Juden noch den heutigen Juden zur Last legen. Gewiss ist die Kirche das neue Volk Gottes, trotzdem darf man die Juden nicht als von Gott verworfen oder verflucht darstellen, als wäre dies aus der Heiligen Schrift zu folgern."
(Aus: Nostra Aetate, einer Erklärung des Zweiten Vatikanischen Konzils von 1965, über die Haltung der katholischen Kirche gegenüber nichtchristlichen Religionen.)
Mit dieser Erklärung widerrief Papst Paulus VI. nach dem Zweiten Vatikanischen Konzil die Beschuldigung vieler seiner Vorgänger, die Juden hätten kollektiv den Tod Christi zu verantworten.

26 Sind Katholiken schon immer judenfeindlicher gewesen als Protestanten?

Im 16. Jahrhundert entstand in Nord-, West- und Mitteleuropa eine große Spaltung innerhalb des Christentums. Diese Spaltung, die unter dem Namen Reformation in die Geschichte einging, war der Anfangspunkt der protestantischen Kirche mit ihren verschiedenen Richtungen ge-

Martin Luther, porträtiert von Lucas Cranach der Ältere, 1529.

Johannes Calvin

wesen. Viele Protestanten haben sich scharf vom Judentum abgesetzt, zuvorderst der deutsche Kirchenreformator Martin Luther. Als deutlich wurde, dass sich ihm die europäischen Juden in seinem Protest gegen die katholische Kirche nicht anschließen würden, veröffentlichte er ein extrem judenfeindliches Pamphlet mit dem Titel: „Von den Juden und ihren Lügen“. Was das Verhältnis zum Judentum betrifft, wichen auch andere große Kirchenreformatoren (Calvin, Zwingli) nicht von der theologischen Lehrmeinung der katholischen Kirche ab. Die Diaspora der Juden wurde häufig als göttliche Strafe angesehen, die sie zu tragen hatten. Außerdem waren Juden Menschen, die zum wahren Glauben bekehrt werden mussten. In Regionen und Städten, in denen der Fürst und die Bevölkerung zum Protestantismus wechselten, wurden Juden diskriminiert und manchmal sogar verfolgt, genau wie im katholischen Europa. Im Vergleich zu Luther war Johannes Calvin in seinen Schriften weniger antijüdisch eingestellt. Vielleicht ist dies unter anderem ein Grund dafür gewesen, warum das calvinistische Holland ab dem 17. Jahrhundert für Juden ein relativ sicherer Ort zum Leben war. Protestantische Kirchen – von der lutherischen bis zur baptistischen Kirche und von der niederländisch-reformierten bis zur anglikanischen Kirche – haben im Vergleich zur katholischen Kirche weniger weltlichen Einfluss gehabt. Schon seit Jahrhunderten hatte der Papst in Rom seinen eigenen Staat und seine eigene Armee; jahrhundertelang hat der Vatikan Einfluss ausgeübt auf Regierungen anderer Länder, weit weg von Rom, deren Bevölkerung vorwiegend katholisch war. In den protestantischen Ländern Europas entstand eher die Tradition der Trennung von Kirche und Staat. Der Vatikan steht in einer starken, ununterbrochenen Tradition des Antijudaismus; die antijüdische Haltung vieler protestantischer Kirchen weist dagegen im Laufe der Jahrhunderte mehr Abstufungen auf.

Luther und Hitler

1543 verfasste Luther den Aufsatz „Von den Juden und ihren Lügen“.

Hitler verehrte Martin Luther, nannte ihn später stolz den „ersten Nationalsozialisten“. In einem Gespräch 1923 soll er sich wie folgt über Luther geäußert haben: „Luther war ein großer Mann, ein Riese. Mit einem Ruck durchbrach er die Dämmerung, sah den Juden, wie wir ihn erst heute zu sehen beginnen.“
(Dietrich Eckart, Zwiegespräche zwischen Adolf Hitler und mir, München 1924, S. 34)
Die von den Nationalsozialisten so genannte „Reichskristallnacht“ von 1938, in der viele Synagogen Deutschlands den Flammen zum Opfer fielen, widmeten die Nationalsozialisten Luther. Viele Historiker sehen in den Schriften Luthers und den antisemitischen Ideen Hitlers Parallelen. Aber es wäre zu simpel, eine direkte Verbindung zu ziehen. Es gibt nämlich auch große Unterschiede: Die lutherische Kirche hat die stark judenfeindliche Haltung ihres Gründers nie übernommen. Skandinavische Länder, wie Dänemark, Norwegen und Schweden zum Beispiel, sind vorwiegend lutherisch, aber haben so gut wie keine antisemitische Tradition.

Erasmus und Luther

Nicht nur Theologen und Kirchenväter, sondern auch berühmte Humanisten, wie Erasmus von Rotterdam aus dem 16. Jahrhundert, haben sich sehr judenfeindlich geäußert. Die viel gerühmte Toleranz des Erasmus galt nicht gegenüber den Juden. Dazu eine Äußerung des Kirchenhistorikers Heiko Obermann von der Universität Tübingen: „Erasmus geht in seiner Intoleranz gegenüber Juden viel weiter als Luther […] Zu dieser Schlussfolgerung muss ein Historiker kommen, wenn er als Maßstab für den Antisemitismus des 16. Jahrhunderts die Beurteilung über einen getauften Juden nimmt. Für Erasmus galt: ‚Einmal ein Jude, immer ein Jude.‘ Für Luther wurden Jude und Nichtjude durch die Taufe ein und dasselbe.“

27 Was sagt der Koran über Juden?

Seite 91: *Maria, die Mutter von Jesus Christus, spielt nicht nur im Christentum eine zentrale Rolle, auch im Islam wird sie sehr verehrt. Der Koran widmet ihr eine ganze Sure* *(vgl. S. 94).*

Im Islam haben Juden und auch Christen einen besonderen Status. Muslime glauben, Gott habe seinen Willen den Propheten verkündet, darunter Abraham (Ibrahim), Moses (Musa) und Jesus (Isa). Maria, die Mutter Jesu,

kommt im Koran öfter vor als im Neuen Testament. Im Koran gibt es außerdem zahlreiche Hinweise auf die Thora und die jüdischen Propheten. Juden sehen sich als Nachfahren Abrahams und seiner Frau Sara, Muslime sehen sich dagegen als Nachfahren Abrahams und seiner Magd Hagar. Im Koran steht, dass Abraham (Ibrahim) kein Jude gewesen sei, sondern ein Muslim (Sure 3,67–68). Nach der islamischen Tradition hat Ibrahim zusammen mit seinem Sohn Ismail die Kaaba erbaut, das Heiligtum von Mekka. Muslime glauben, dass die ursprünglichen Offenbarungen an Moses und Jesus falsch überliefert wurden; für sie bilden die im Koran niedergelegten Offenbarungen an den Propheten Muhammad das einzige, immer wahre Wort Gottes.

Neben Hinweisen auf die Thora, die Propheten und das Neue Testament, berichtet der Koran auch von den Zusammenstößen Muhammads mit den jüdischen Stämmen auf der Arabischen Halbinsel (dem heutigen

Berühmt ist die Keizerstraat der südamerikanischen Stadt Paramaribo dafür, dass hier eine Synagoge und eine Moschee friedlich nebeneinanderstehen.

Saudi-Arabien). Zur Zeit Muhammads lebten dort drei jüdische Stämme, die sich nicht zum islamischen Glauben bekehren wollten. Zwei von ihnen wurden in den Jahren 624 und 625 vom Heer des Propheten aus Medina vertrieben; die Männer des dritten jüdischen Stamms wurden wenige Jahre darauf getötet, die Frauen und Kinder in die Sklaverei verkauft. Muhammads Konflikt mit den jüdischen Stämmen von Medina steht nicht im Mittelpunkt des Korans und ist nur von untergeordneter Bedeutung. Trotzdem skandieren in den letzten Jahren Muslime auf Anti-Israel-Demonstrationen oft Koranverse, die vom Kampf des Propheten Muhammad gegen die Juden berichten.

Die Juden von Medina

Die Haltung des Propheten Muhammad gegenüber den Juden ist zwiespältig. Einerseits achtet er die Juden als Empfänger früherer göttlicher Offenbarungen, andererseits kritisiert er sie, weil sie diese Offenbarungen angeblich verdreht haben. Muhammads Konflikt mit den Juden von Medina endet mit der Ausrottung der jüdischen Stämme. Der Mythos vom Gottesmord, der in der Haltung der Christen gegenüber Juden eine so zentrale Rolle gespielt hat, fehlt im Islam. In den Augen vieler Muslime wurde die Kontroverse zwischen Judentum und Islam bereits zu Lebzeiten des Propheten zu Gunsten des Islam entschieden.

Ungerechtigkeit

„Und wegen der Sünde der Juden haben Wir ihnen gute Dinge verwehrt, die ihnen erlaubt waren, wie auch wegen ihres Abwendens vieler von Allahs Weg, […]."
In Sure 4,160 verurteilt der Koran die Juden. An verschiedenen Stellen werden in dieser Sure – und auch in anderen Koranversen – die Juden von Medina, die sich nicht bekehren wollen, schlecht behandelt. An anderen Stellen ist der Koran den Juden wohlgesonnen. So steht in Sure 2,47 zu lesen: „O ihr Kinder Israel, gedenket Meiner Gnade, mit der Ich euch begnadete und daß Ich euch vor aller Welt bevorzuge."

Mündliche Überlieferung

So gut wie sicher hat Muhammad die Thora niemals gelesen und kannte das heilige Buch der Juden nur aus der mündlichen Überlieferung. Seine Hinweise auf die Thora sind – aus jüdischer Sicht – mehrmals unrichtig. So lässt beispielsweise der Prophet in Sure 28,38 den ägyptischen Pharao (aus dem Buch Exodus) Haman (aus dem Buch Esther) dazu auffordern, den „Turm von Babel" (der im Buch Genesis vorkommt) zu errichten. Damit verknüpft der Prophet Geschichten und Figuren aus sehr verschiedenen Phasen der jüdischen Geschichte. Dass die Juden von Medina Muhammad nicht als Propheten akzeptiert haben, hat aller Wahrscheinlichkeit nach auch mit seiner, in jüdischen Augen mangelhaften Kenntnis der Thora zu tun.

Maria, die Mutter Jesu

Maria ist die einzige Frau, der im Koran eine ganze – und sehr poetische – Sure gewidmet ist. Nach der islamischen Überlieferung sind Jesus und seine Mutter die beiden einzigen menschlichen Seelen, die bei ihrer Geburt nicht vom Teufel berührt wurden. Die Marienverehrung im Islam ähnelt in gewisser Hinsicht stark der Verehrung der Jungfrau Maria in der christlichen Tradition der orthodoxen Ostkirche. Beide bezeichnen den Propheten Zacharias als Beschützer Marias.

28 Warum haben viele Juden im Laufe der Jahrhunderte ihren Glauben geändert?

Im Laufe der Jahrhunderte sind viele Juden zum Christentum oder Islam konvertiert. Manchmal geschah dies nicht ganz freiwillig, manchmal wurde starker Druck ausgeübt, manchmal wurde physische Gewalt angewendet. Oft sind Juden aus ganz pragmatischen Gründen konvertiert: Um dem Leben des Gettos zu entfliehen, um sich der rabbinischen Autorität zu entziehen oder um anderweitig in der Gesellschaft Karriere machen zu können. Viele Juden sehen den Bekehrungsdrang der Christen aber auch als eine Fortführung des Antisemitismus.

Der Bekehrungseifer der Christen erreichte im Mittelalter seinen Höhepunkt, setzt sich aber in mehr oder weniger starkem Maße bis heute fort. In der Vergangenheit sind dabei vor allem Prediger des Dominikanerordens viel zu weit gegangen: Sie hatten es vor allem auf den Talmud abgesehen, ein umfangreiches jüdisches Buch mit Kommentaren und Aussprachen zu allen Facetten des gesellschaftlichen und geistigen Lebens, eine Ergänzung zur

Seite 96/97: *Ein Priester in Rom predigt von der Kanzel und versucht, die ungläubigen Juden „zum rechten Glauben“ zu bekehren. Im Mittelalter waren Juden häufig gezwungen, die Bekehrungsversuche der christlichen Priester über sich ergehen zu lassen. Dieses Bild stammt von dem schweizerischen Illustrator und Zeichner Hieronymus Hess, aus dem Jahre 1823.*

„Die Taufe hat aus ihm keinen Nichtjuden gemacht ...“

„Die Taufe hat aus ihm keinen Nichtjuden gemacht ...“ Getreu dem Motto „Einmal ein Jude, immer ein Jude“ hetzt das Kinderbuch „Der Giftpilz“ von 1938 gegen jüdische Mitmenschen.

Mischna, der mündlichen Lehre, und der Thora. Der Talmud beinhalte gotteslästerliche Aussagen in Bezug auf den christlichen Glauben, so der Vorwurf. Im Mittelalter wurde der Talmud regelmäßig öffentlich verbrannt. Damals wurden Juden manchmal gezwungen, in der Synagoge einem christlichen Prediger zuzuhören, der ihnen in feurigen Worten den einzig wahren Glauben erklärte. Es wurden öffentliche Debatten zwischen Rabbinern und christlichen Würdenträgern organisiert, die manchmal monatelang andauerten. Bei diesen Streitgesprächen wurden von christlicher Seite oft bekehrte Juden hinzugezogen. Nicht selten waren das die fanatischsten Gläubigen; zahlreiche, zum Christentum bekehrte Juden waren „katholischer als der Papst".

Zwischen bekehrten und nicht bekehrten Juden herrschte oft großer Hass und Neid. In der islamischen Geschichte ist von Zwangsbekehrungen der Juden kaum die Rede. Im Iran ist es zu Zeiten der Safawiden (im 16. und 17. Jahrhundert) zu Zwangsbekehrungen gekommen, in der marokkanischen Geschichte ebenfalls. Während in der christlichen Welt vor allem starke Konkurrenzgefühle, Rivalität und Hass zwischen Christen und Juden herrschte, sahen Muslime Nichtmuslime „lediglich" als minderwertig an. Das häufigste Schimpfwort der Muslime für Juden war „Affen", Christen wurden „Hunde" genannt.

Bekehrungen zum Judentum

Auch in der Geschichte des Judentums gibt es eine Bekehrungstradition. Vor allem im Altertum, in den ersten drei Jahrhunderten der christlichen Zeitrechnung, bestand diesbezüglich in den Ländern rund ums Mittelmeer zwischen Juden und Christen eine starke Konkurrenz. Die genaue Zahl der Bekehrten ist nicht bekannt, aber es wird sich hierbei um mehrere Millionen Menschen handeln. Der römische Kaiser Konstantin, der zu Beginn des 4. Jahrhunderts im Römischen Reich das Christentum zur Staatsreligion machte, verbot den Juden, Christen zu bekehren. Ab dieser Zeit war es für Juden schwer – oft sogar unmöglich –, weiterhin Menschen für das Judentum zu gewinnen. Während des Mittelalters gab es Orte und Perioden, in denen auf die Bekehrung zum Judentum die Todesstrafe stand. Einer der bekanntesten Bekehrer zum Judentum, der polnische Graf Valentin Potoski, endete – so die Legende – noch im 18. Jahrhundert auf dem Scheiterhaufen.

Vinzenz Ferrer

Der römisch-katholische Dominikaner Vinzenz Ferrer ist vermutlich der erfolgreichste Bekehrer des Mittelalters gewesen. Er wurde 1350 im spanischen Valencia geboren. Ende des 14. Jahrhunderts und Anfang des 15. Jahrhunderts durchquerte er halb Europa, um zu predigen und um Katharer, Waldenser (zwei christliche Sekten, die vor allem in Südeuropa viele Anhänger hatten), Juden und „Mohren" (Muslime) zum christlichen Glauben zu bekehren. Er muss ein charismatischer Redner gewesen sein, denn obwohl er angeblich nur valencianisch sprach, hingen auch in Flandern, Nord-frankreich, der Lombardei, der Schweiz und Genua die Menschen an seinen Lippen. In Spanien und Südfrankreich bekehrte er ganze jüdische Gemeinden auf einen Schlag; Synagogen wurden zu Kirchen umgebaut. In jüdischen Geschichtsbüchern über das Mittelalter wird er als Tyrann bezeichnet, aber die katholische Kirche sieht in ihm einen Heiligen. Nach seinem Tod, im Jahre 1455, wurde er offiziell heiliggesprochen, und bis heute ist er der Schutzpatron der Stadt Valencia.

Edgardo Mortara

Wohin Zwangsbekehrungen führen können, erzählt die Geschichte Edgardo Mortaras. Edgardo wuchs Mitte des 19. Jahrhunderts in einer wohlhabenden jüdischen Familie in der italienischen Stadt Bologna auf, zu dieser Zeit ein Teil des päpstlichen Staates. Als der kleine Edgardo ernsthaft krank wurde, ließ ihn das katholische Kindermädchen der Mortaras taufen. Ein paar Jahre später, als die Behörde Bolognas davon erfuhr, wurde den Eltern der sechsjährige Edgardo weggenommen. Ein christliches Kind – für die katholische Kirche war die Taufe Edgardos gültig – konnte nach Meinung der katholischen Kirche nicht von jüdischen Eltern erzogen werden. Egal, was die Eltern unternahmen, sie bekamen ihren getauften Sohn nicht mehr zurück. Das Tauziehen um Edgardo ist in Italien und auch international ein großer Skandal gewesen. Es wurden sogar Aktionen für Edgardo in ganz Europa und den USA organisiert und Petitionen an den Papst geschickt. Aber die kirchlichen Autoritäten saßen letztendlich am längeren Hebel: Edgardo verbrachte sein weiteres Leben als katholischer Priester und versuchte, Juden zu missionieren. Er starb 1940 in einem Kloster.

29 Gibt es derzeit einen islamischen Antisemitismus?

Es besteht kein Zweifel, dass derzeit antisemitische Mythen und Legenden in der muslimischen Welt im Allgemeinen und der arabischen Welt im Besonderen weit verbreitet sind. Der Verschwörungslegende zum Beispiel, dass „die Juden“ hinter dem Anschlag des 11. Septembers in den Vereinigten Staaten stecken, wird in vielen muslimischen Ländern in großem Ausmaß Glauben geschenkt. In muslimischen Internetforen wurde massenhaft und weltweit das Gerücht verbreitet, im World Trade Center in New York seien jüdische Arbeitnehmer an diesem Tag zu Hause geblieben, da sie im Voraus wussten, dass ein Anschlag verübt werden sollte. Die Zeitungen arabischer Länder sind seit Jahren gefüllt mit Cartoons über blutrünstige Juden, die die Welt erobern wollen, die Amerikaner manipulieren und auf palästinensisches Blut aus sind. Kann man diese zeitgenössischen antisemitischen Mythen und Legenden der muslimischen Welt als „islamischen Antisemitismus“ bezeichnen?

Auf Grund der terroristischen Anschläge 2001 in den Vereinigten Staaten und den heutigen Konflikten im Mittleren Osten, haben viele Menschen die Vorstellung, es werde weltweit ein Konflikt mit „dem Islam“ ausgefochten. Die Auffassung, „der Islam“ sei automatisch antisemitisch, ist ein Teil dieser Vorstellung. Aber „den Islam“ gibt es nicht; es gibt sehr viele unterschiedliche Strömungen innerhalb des Islam. Und innerhalb der islamischen Welt gibt es unterschiedliche Ansichten über Israel. Die heutige Türkei zum Beispiel – ebenfalls ein großes muslimisches Land – hat von jeher eine gute Beziehung zu Israel gehabt und

Okaz (Saudi-Arabien), 6. Januar 2003

Arab News (Internet), 21. Oktober 2002

Al-Jadida (Palästina), 28. September 2001

hat sie noch immer. Außerdem darf man nicht vergessen, dass die islamische Welt innerhalb einer vierzehn Jahrhunderte währenden Geschichte – auf jeden Fall im Vergleich zur christlichen Welt – relativ tolerant gegenüber jüdischen Minderheiten gewesen ist (siehe auch Frage 23). Im Osmanischen Reich zum Beispiel gab es fast keine Judenverfolgung, genau wie in „al-Andalus“ (dem mittelalterlichen Spanien zu Zeiten der Moslemfürsten). Man sollte keinesfalls den Ernst und die Bösartigkeit antisemitischer Ideen und Stereotype in der muslimischen Welt leugnen oder bagatellisieren.

Viele dieser bösartigen Klischees, die heutzutage in den arabischen Ländern die Runde machen, können übrigens ohne große Mühe auf antisemitische Bilder zurückgeführt werden, die vor Jahrhunderten im christlichen Europa entstanden sind (zum Beispiel der Jude als Verräter, als Verschwörer, das Blutmärchen usw.). Der zeitgenössische Antisemitismus in muslimischen Ländern ist europäischer Machart. Aber genau so wenig, wie es Sinn macht, von „christlichem Antisemitismus“ zu sprechen, macht es Sinn, von „islamischem Antisemitismus“ zu sprechen. In politisch angespannten Zeiten könnte eine solche Behauptung sogar wie „Öl ins Feuer gießen“ sein.

Nie zuvor

Über die tagtägliche Bombardierung mit antisemitischen Karikaturen und Bildern durch arabischen Medien schreibt der israelische Politologe Arieh Stav: „Nie zuvor in der Menschheitsgeschichte hat eine gesamte Zivilisation, verteilt über 22 Länder, ‚den Juden‘ und sein Land in Karikaturen tagein, tagaus in etwa 100 Zeitungen so schlechtgemacht. Wenn man in Kategorien wie Boshaftigkeit und Bissigkeit denkt, dann muss man feststellen, dass die Karikaturen „des Juden“ in der arabischen Presse wirklich alles übertreffen, was es bisher in der Vergangenheit gab, inklusive der Karikaturen, die die Nazis ‚vom Juden‘ angefertigt haben.“

Islamphobie

„Ich bestreite nicht, dass der Antisemitismus unter nordafrikanischen Jugendlichen unter Einfluss des Konflikts im Mittleren Osten zugenommen hat, und verurteile dies aufs Äußerste. Aber ich wende mich gegen eine Qualifikation wie islamisch-arabischer Antisemitismus, weil sie impliziert,

ABACS
TABACS

der Islam würde zu Judenhass anstiften. Das ist Islamphobie und im Prinzip nichts anderes als Antisemitismus."
(Tariq Ramadan, Islamwissenschaftler, Philosoph und Dozent an der Universität Genf, in einem Interview mit der niederländischen Zeitung NRC Handelsblad, 21. Februar 2004.)

Der 11. September

In der gesamten muslimischen Welt, von Marokko bis Indonesien, glauben viele das Märchen, die Israelis oder der Mossad (der israelische Auslandsgeheimdienst) würden hinter den Anschlägen vom 11. September 2001 in New York und Washington stecken. Eine groß angelegte Meinungsumfrage in neun großen muslimischen Ländern (annähernd die Hälfte der muslimischen Welt), die im Sommer 2002 durchgeführt wurde, ergab, dass in acht von neun Ländern die Mehrheit der Bevölkerung nicht glaubt, dass Al-Qaida oder arabische Terroristen für die Anschläge verantwortlich sind. Zahlreiche arabische Tages- und Wochenzeitungen haben dieses Gerücht genährt, indem sie zum Beispiel behaupteten, alle jüdischen Arbeitnehmer im World Trade Center wären an diesem Tag bewusst zu Hause geblieben. Diese Verdächtigung ist für die Angehörigen der amerikanischen Juden, die sehr wohl Opfer des Anschlags geworden sind, besonders bitter. Es zeigt, in welchem Ausmaß dem antisemitischen Märchen Glauben geschenkt wird, „die Juden" würden die Weltherrschaft anstreben (siehe Frage 19).

Seite 102:
Das Mellah (jüdisches Viertel) in der marokkanischen Stadt Fès vor dem Zweiten Weltkrieg.

Rechts:
Der Ground Zero: Trümmer des World Trade Centers nach den Anschlägen vom 11. September 2001.

„The Holocaust Story": Antijüdische Karikatur, erschienen in Kayhan, 16.12.2007.

Fragen 30 bis 33

Noch mehr Geschichte

30. War Deutschland bereits vor dem Zweiten Weltkrieg besonders antisemitisch?
31. Wie tolerant waren die Österreicher gegenüber den Juden vor dem Zweiten Weltkrieg?
32. Warum haben vor dem Zweiten Weltkrieg so viele Juden in Polen gewohnt?
33. War die Türkei in der Vergangenheit tolerant gegenüber Juden?

30 War Deutschland bereits vor dem Zweiten Weltkrieg besonders antisemitisch?

Diese Frage in Kürze differenziert zu beantworten, ist schwierig. Im deutschen Kaiserreich nach 1871 und in der Weimarer Republik war antijüdisches Gedankengut in großen Teilen der Bevölkerung weitverbreitet. In Deutschland gab es eine umfangreiche rechtsnationalistische antisemitische Bewegung. Es erschienen zahlreiche Bücher, pseudowissenschaftliche Abhandlungen, Broschüren und Pamphlete, in denen die arische Rasse verherrlicht wurde. Der „verdorbenen semitischen Rasse" warf man darin vor, die germanische Kultur untergraben zu wollen. Das viel gelesene Wochenblatt „Simplicissimus" zum Beispiel war von 1896 bis 1933 jede Woche voll von hasserfüllten Karikaturen über Juden. Im Gegensatz zu Russland aber, fanden in Deutschland zwischen 1871 und 1933 keine Pogrome gegen Juden statt. In Deutschland gab es so gut wie keine antijüdischen Aktionen, wie sie etwa in großem Ausmaß in Frankreich zur Zeit der Dreyfus-Affäre stattfanden. Das Wichtigste aber war, dass die Zeit des Kaiserreichs und der Weimarer Republik für die deutschen Juden eine Periode von ungeahntem Aufschwung war. Die 1871 formal festgelegte Gleichberechtigung war der Anfang einer gesellschaftlichen, ökonomischen und kulturellen Erfolgsgeschichte für große Teile der jüdischen Gemeinschaft. Um 1900 wohnten knapp 600 000 Juden im deutschen Kaiserreich;

das war lediglich 1 Prozent der Bevölkerung. Doch diese kleine Gruppe – beziehungsweise ein Teil davon – war unter anderem in der Bank- und Geschäftswelt, in der Wissenschaft und Kultur sehr erfolgreich und fiel dadurch auf. Viele deutsche Juden fühlten sich jüdisch, aber vielleicht noch mehr deutsch. Im Ersten Weltkrieg haben sich rund 100 000 jüdische Männer und Frauen als Freiwillige für das deutsche Heer gemeldet, was dennoch nicht verhindern konnte, dass nach dem Krieg die Dolchstoßlegende ins Rollen kam. Nach der Kriegsniederlage wurden die Juden von neuen rechtsradikalen Gruppen und Parteien mit den Bolschewisten identifiziert: Sie seien dem „im Feld unbesiegten" Heer heimlich in den Rücken gefallen. In der Weimarer Republik verschlechterte sich das Klima für die Juden zusehends. Nach einer Hasskampagne der rechten Presse wurde eine Reihe von Juden mit symbolträchtigen Ämtern – unter anderem der Außenminister Walther Rathenau – von rechtsextremen paramilitärischen Gruppen ermordet. Die antisemitische Propaganda der Nationalsozialisten konnte erst nach der Wirtschaftskrise Ende der 1920er-Jahre richtig Fuß fassen. Insgesamt kann man sagen: Die Geschichte der deutschen Juden im deutschen Kaiserreich und in der Weimarer Republik hat sowohl Licht- als auch immer dunkler werdende Schattenseiten – in der jüdischen und der deutschen Geschichte.

Erster Weltkrieg (I)

Von den 100 000 deutschen Juden, die ab 1914 am Krieg teilgenommen haben, kämpften 78 000 an der Front, davon kamen ungefähr 12 Prozent ums Leben. Im Oktober 1916 gab der Kriegsminister Adolf Wild von Hohenborn auf Anfrage eines antisemitischen Parlamentsmitglieds den Befehl, eine „Judenzählung" durchzuführen. Man wollte statistisch beweisen, dass, relativ zum Bevölkerungsanteil, weniger Juden als Nichtjuden an der Front kämpften. Das Ergebnis wurde vom Kriegsminister nie veröffentlicht, wahrscheinlich weil sich die Zahlen von Juden und Nichtjuden prozentual nicht stark unterschieden. Allerdings trug die „Judenzählung" stark zur antijüdischen Stimmung in Deutschland bei.

Erster Weltkrieg (II) Im Ersten Weltkrieg versuchte das deutsche Heer, unter anderem durch den Aufruf in Jiddisch „Zu di Jidn in Poilen“ (An die Juden in Polen) an der Ostfront, die polnischen und russischen Juden auf ihre Seite zu ziehen im Kampf gegen die russische Armee. Dies hat vor allem in Weißrussland zu massiven antijüdischen Exzessen geführt. Mehr als eine halbe Million Juden, die eventuell mit dem Feind gemeinsame Sache hätten machen können, wurden tief in den Osten Russlands deportiert. Viele von ihnen kamen dabei ums Leben. Rund 35 000 polnische und litauische Juden meldeten sich für die deutsche Kriegsindustrie. Viele von ihnen mussten Zwangsarbeit verrichten.

31 Wie tolerant waren die Österreicher gegenüber den Juden vor dem Zweiten Weltkrieg?

Vor etwa einhundert Jahren, 1910, waren 4,4 Prozent der Bevölkerung des Habsburgerreichs jüdisch. Das waren annähernd 2,8 Millionen Menschen. Im damaligen Russland dagegen wohnten zu dieser Zeit mehr Juden (3,9 Millionen). Die meisten Juden in der österreichisch-ungarischen Doppelmonarchie wohnten in Galizien, einem Landstrich, der im heutigen Südosten von Polen, westlich der Ukraine liegt. Die Einwohner der (heute polnischen) Stadt Krakau waren zur Hälfte jüdisch. Aber auch Lemberg (heute das ukrainische Lviv), Budapest, Prag und Wien waren Städte mit einem hohen jüdischen

Bevölkerungsanteil, mit zahlreichen Synagogen und einer blühenden jüdischen Kultur. Wien, die Hauptstadt des Habsburgerreichs, war damals von allen „deutschsprachigen" Städten die Stadt mit dem größten jüdischen Bevölkerungsanteil (etwa 10 Prozent). Die Geschichte der Juden in Österreich geht bis ins 12. Jahrhundert zurück. In Wien waren die ersten Juden (Geld-)Händler. Genau wie in vielen anderen mitteleuropäischen Städten, gab es in Wien über die Jahrhunderte hinweg Zeiten der Vertreibung und „Judenverbrennung", aber auch Zeiten der Sesshaftigkeit und wirtschaftlichen Blüte. Die Kriege gegen die Türken im 17. Jahrhundert waren zum Beispiel für die Wiener Juden besonders gefährlich: Der religiöse Fanatismus richtete sich damals insbesondere gegen die jüdische Bevölkerung. 1867 bekamen die Juden des gesamten Habsburgerreichs dieselben Rechte wie die anderen Bürger: Von nun an durften sie sogar wohnen, wo sie wollten, ein Amt im Staatsdienst ausüben oder an einer Universität studieren. Das war der Anfang des „Einzugs in die Stadt": Juden aus Böhmen, Ungarn und anderen Teilen des Reichs zogen nach Wien. Die jüdische Bevölkerung wuchs dort zwischen 1860 und 1910 von 6200 Einwohnern (2 Prozent) auf 175000 Einwohner (rund 10 Prozent) an. Im katholisch-konservativen Wien

Der „Judentempel in der Leopoldstadt", Lithografie von Rudolf von Alt (1860).

des späten 19. und beginnenden 20. Jahrhunderts litten die jüdischen Einwohner bestimmt unter der bei jeder sich bietenden Gelegenheit heftig auftretenden, antijüdischen Hetze der übrigen Wiener. Jüdische Händler durften mit den anderen Wiener Händlern konkurrieren und taten dies auch, einige von ihnen mit großem Erfolg. Als die Universitäten für Juden geöffnet wurden, stieg die Anzahl jüdischer Studenten schlagartig. Vor diesem Hintergrund wuchsen Missgunst und Neid auf die jüdische Bevölkerung. In der Stadt, in der Theodor Herzl (siehe Frage 40) Jura studierte und Adolf Hitler versuchte, Maler zu werden, verbreiteten viele Zeitschriften, Flugschriften, Tageszeitungen und Politiker Hasstiraden gegen „den Juden". Dies waren bereits die ersten Vorboten dessen, was später geschah. Nach dem Ersten Weltkrieg, als das Habsburgerreich der Vergangenheit angehörte, kehrten sich in Österreich sowohl die Kirche wie auch die Politik zum größten Teil gegen die „Weltgefahr des habgierigen, wucherischen, ungläubigen Judentums, dessen Macht unheimlich gestiegen sei", wie sich der damalige österreichische Bischof Sigismund Waitz 1925 ausdrückte. Drei Jahre zuvor hatte Hugo Bettauer sein berühmtes – auch verfilmtes – Buch „Stadt ohne Juden" veröffentlicht. Vor dem Zweiten Weltkrieg herrschte in Wien eine stark antisemitische Stimmung: 1934 wurde in Österreich die Demokratie abgeschafft, die Sozialisten in einem blutigen Bürgerkrieg geschlagen und das Parlament endgültig aufgelöst.

Karl Lueger

Dr. Karl Lueger war von 1897 bis zu seinem Tod, im Jahr 1910, Bürgermeister der Stadt Wien. Lueger, Gründer der Christlich-sozialen Partei, setzte sich für „den kleinen Mann" ein und bediente sich dabei ausschließlich äußerst judenfeindlicher Propaganda. Adolf Hitler, der zu dieser Zeit in Wien lebte und sich das politische Handwerk von Karl Lueger abguckte, nannte ihn in seinem Buch „Mein Kampf" „den gewaltigsten deutschen Bürgermeister aller Zeiten". Lueger war ein echter Volkstribun und sagte einmal: „Wer ein Jude ist, bestimme ich."

Stadt ohne Juden 1922 beschreibt Hugo Bettauer in seinem Roman „Stadt ohne Juden", wie die Juden von den Politikern und dem Rest der Bevölkerung gezwungen werden, die Stadt Wien zu verlassen. Der Auszug der Juden führt jedoch zu einem großen Desaster – sowohl kulturell, ökonomisch als auch politisch. Am Ende von Bettauers Roman flehen die Wiener die Juden an, wieder in die Stadt zurückzukehren. Als sie dies tatsächlich tun, werden sie begeistert empfangen. Bettauer nannte sein Buch „Ein Roman von Übermorgen". Wie dieses Übermorgen tatsächlich ausgesehen hat, hat Bettauer nicht mehr erlebt: Er wurde 1925 von einem NSDAP-Mitglied ermordet.

Judenplatz Im Jahr 2000 wurde auf dem Judenplatz im historischen Zentrum Wiens ein Mahnmal zur Erinnerung an die österreichischen Juden, die während des Zweiten Weltkrieges ermordet wurden, enthüllt. Dieses Mahnmal, ein Kubus aus Stahl und Beton, das symbolisch für eine Bibliothek stehen soll, sorgte für allerlei Aufregung. Nicht nur wegen der Frage, ob so ein modernes Mahnmal überhaupt auf einen so schönen, alten Platz passt. Bei den vorbereitenden Grabungen kamen nämlich die Überreste einer Synagoge aus dem Mittelalter zum Vorschein. Diese Synagoge war das Zentrum, das Herzstück des jüdischen Wiens gewesen, bis 1421 die Juden aus der Stadt vertrieben wurden. Die archäologischen Reste der Synagoge wurden in das moderne Mahnmal integriert. So ist es jetzt ein Mahnmal mit einer doppelten Symbolik geworden.

32 Warum haben vor dem Zweiten Weltkrieg so viele Juden in Polen gewohnt?

Die unabhängige zweite polnische Republik entstand nach dem Ersten Weltkrieg, einem Krieg, der vorwiegend in diesem Teil Europas einen turbulenten Schluss fand. Das deutsche Kaiserreich, das Habsburgerreich und das zaristische Russland waren zusammengebrochen. Nach dem (genau genommen mitten im) russischen Bürgerkrieg und Kämpfen zwischen der polnischen Armee unter Leitung von Józef Pilsudski und einer ungeordneten russisch-ukrainischen Armee, entstand 1918 ein großer polnischer Staat, der im Vergleich zum heutigen Polen weiter östlich lag. Dieser neue polnische Staat umfasste zu dieser Zeit einen großen Teil des heutigen Westens von Weißrussland, der Ukraine und Teile der baltischen Staaten. Vor dem Ersten Weltkrieg gehörte dieser östliche Teil des neuen Polens zum Habsburgerreich oder zu Russland. Russland hatte seine große jüdische Bevölkerung seit jeher gezwungen, in dieser Gegend zu leben. Die polnische Republik umfasste also Landstriche und vor allem Städte mit ausgesprochen jüdischem Charakter: Vilnius, Lwów (früher Lemberg, jetzt Lviv), Krakow, Lublin und Bialystok. Das Verhältnis zwischen Juden und Polen war im Laufe der Jahrhunderte kompliziert, vielschichtig und zerstritten. Einerseits war Polen in der Vergangenheit ein Zufluchtsort für Juden auf der Flucht vor Verfolgung und Vertreibung. Der große Zustrom und der gastfreundliche Empfang verfolgter Juden haben sogar dazu geführt, dass Polen im 16. Jahrhundert das kulturelle und spirituelle Zentrum des Judentums wurde. Andererseits hat auch die polnische Geschichte dunkle Perioden gehabt. Wir beschränken uns hier auf die Zeit zwischen den beiden Weltkriegen: Die zurückgewonnene polnische Unabhängigkeit fiel in den Jahren 1918/19 mit antijüdischen Pogromen zusammen, bei denen es zahlreiche Opfer gab. Nationalistische Polen erkannten jüdische Minderheiten – genau wie alle anderen nichtpolnischen Minderheiten – in ihrem Vaterland nicht als Polen an. Ungefähr 85 Prozent der polnischen Juden sprachen nicht Polnisch, sondern Jiddisch und Hebräisch als Muttersprache.

Die Zahl der judenfeindlichen Zwischenfälle nahm ab, als der Kriegsheld Józef Pilsudski das Land von 1926 bis

1935 semidiktatorisch regierte, aber nahm in den Jahren kurz vor Ausbruch des Zweiten Weltkriegs wieder zu. Die antijüdische Gewalt zwischen 1935 und 1937 kostete sicher 80 Menschen das Leben, viele Hunderte wurden verletzt. Jüdische Läden wurden vielfach boykottiert, wenn nicht gar geplündert. Beim Ausbruch des Zweiten Weltkriegs war die jüdische Bevölkerung in Polen nicht nur die dort größte Bevölkerungsgruppe, sondern auch die ärmste und am wenigsten integrierte, im Vergleich zu anderen Ländern Europas.

Ostjuden

Für die meisten deutsch-jüdischen Soldaten, die an der Ostfront während des Ersten Weltkriegs kämpften, war dieser Krieg zugleich die erste Begegnung mit der Welt der Ostjuden, wie man sie damals nannte. Eine Welt der „Shtetls“ (Jiddisch für „Stadt“), in denen vorwiegend Jiddisch gesprochen wurde, in der die Männer weite, schwarze Jacken und schwarze Hüte oder Pelzmützen trugen und lange Bärte oder Schläfenlocken (Peies) hatten. Eine Welt, in der der Chassidismus entstanden war, eine religiöse Wiederauferstehungsbewegung, die im 18. Jahrhundert viele Anhänger unter dem verarmten jüdischen Proletariat hatte. Kurz gesagt: Eine ganz andere Welt, verglichen mit dem reicheren, viel besser integrierten, viel „verdeutschterem“ Judentum zu Hause.

33 War die Türkei in der Vergangenheit tolerant gegenüber Juden?

Heute wohnen annähernd 20 000 Juden in der Türkei, fast alle in der Hafenstadt Istanbul. Früher war diese Zahl um ein Vielfaches größer. Im 2. Jahrhundert lebten nicht

Marokkanische Juden in der Synagoge von Rabat, 1995.

weniger als 2 Millionen Juden in Anatolien. Bei Ausgrabungen in und in der Nähe von türkischen Hafenstädten fand man einige Reste der alten jüdischen Geschichte wieder. Zum Beispiel beweisen die Überreste der Synagoge von Sardis unweit von Izmir, dass sie einst eine der größten Synagogen der Welt gewesen ist. Als die Stadt Konstantinopel, das heutige Istanbul, am 29. Mai 1453 in die Hände der Osmanen fiel, bedeutete dies das Ende des östlich-orthodoxen, christlichen, byzantinischen Reichs. Die Juden in der Stadt waren darüber nicht traurig. Für sie bedeutete das neue Regime einen Fortschritt und mehr Freiheit. Fünfzig Jahre später herrschte unter dem überaus frommen Sultan Bayezid II. allerdings erneut ein viel strengeres religiöses Regiment, und die anfangs tolerierten Synagogen (und auch die christlichen Kirchen) wurden wieder geschlossen. Trotzdem wurden gerade in dieser Zeit große Gruppen jüdischer Flüchtlinge aus Spanien und Portugal ins Osmanische Reich aufgenommen, um sich dort eine neue Existenz aufzubauen. Jahrhundertelang hatten die Juden im Osmanischen

Bayezid II. war von 1481–1512 Sultan des Osmanischen Reiches. Er ließ bereitwillig jüdische Flüchtlinge aus Spanien und Portugal in seinem Reich eine neue Heimat finden.

Reich den Status von Bürgern zweiter Klasse (dhimmi). Allerdings war die Theorie meist strenger als die Praxis: Mit großer Regelmäßigkeit wurden Juden am Hof des Sultans angestellt, etwa als Diplomaten oder als Ärzte. Die lange Geschichte des gewaltigen Osmanischen Reiches kennt auffällig wenige Judenverfolgungen. Allerdings gab es in den 1930er-Jahren in Thrakien (dem nordwestlichen, europäischen Teil der Türkei) Pogrome gegen Juden. Viele Juden flüchteten sich damals nach Istanbul.

Im Zweiten Weltkrieg war die Türkei für jüdische Flüchtlinge auf dem Weg nach Palästina eine wichtige Fluchtroute (siehe weiter Frage 34). Auch in der modernen Türkei wird die Tradition der religiösen Toleranz aus dem Osmanischen Reich weiter hochgehalten; der Anschlag auf die Synagoge von Istanbul im Herbst 2003 steht dazu in starkem Kontrast. Bemerkenswerterweise hat Istanbul neben einer großen sephardischen (orientalisch-jüdischen) Gemeinde auch eine kleine aschkenasische Gemeinde, ursprünglich Jiddisch sprechende Juden, die aus der Krim stammen.

Die Synagoge von Sardis

Etwa zu Beginn der christlichen Zeitrechnung war die Synagoge von Sardis eine der größten und schönsten der Welt. Sie wurde um das Jahr 220 vor Christus erbaut, im 3. Jahrhundert nach Christus restauriert und bei einem großen Erdbeben zerstört. In dem riesigen, reich mit Steinmosaiken und Marmorwänden verzierten Raum waren auch ein Badehaus und ein Gymnasium untergebracht. 1970 wurde die Synagoge zum Teil restauriert. Sie ist heute eine Touristenattraktion.

Proklamation des Sultans

Als Sultan Mehmet II., der Eroberer, 1453 die Stadt Konstantinopel eroberte, erließ er die Proklamation für alle Juden, „sich fortan an den Fürstlichen Thron zu wenden, um die besten Teile des Landes zu bewohnen, ein jeder mit seinem Feigenbaum, mit Silber und Gold, mit Reichtum und Vieh“. Als kaum fünfzig Jahre später alle Juden das katholische Spanien verlassen mussten, wurde das Osmanische Reich für viele spanische Juden zum wichtigen Zufluchtsort.

Schabtai Zwi

Schabtai Zwi – auch gelegentlich: Sabbathai Zewi – ist als osmanischer Jude eine berühmte historische Gestalt. Er wurde 1626 in Smyrna geboren, einer griechischen Hafenstadt unter osmanischer Herrschaft, und hörte 1648 eine Stimme verkünden, dass er der neue Messias sei. Zwi zog durch die Welt und bekam immer mehr Anhänger, vor allem auch, weil er den Juden das Ende ihres Gettolebens versprach. Einige Historiker meinen, mindestens 80 Prozent der Juden im damaligen Europa seien mehr oder weniger davon überzeugt gewesen, dass Zwi der in der Thora verheißene Messias sei. Am Ende seines Lebens trat Zwi jedoch zum Islam über. Die Juden wandten sich enttäuscht von ihm ab, aber in der heutigen Türkei leben noch immer einige Zehntausend Nachfahren der Anhänger Zwis – die so genannten Dönmehs (eine islamische Sekte).

Links:
Schabtai Zwi (1626–1675) hatte als „der neue Messias“ viele Anhänger unter den Juden ganz Europas. Als er beschloss, zum Islam überzutreten, wandten sich die meisten seiner Anhänger enttäuscht von ihm ab.

Rechts:
Ein bedeutender Jude im Osmanischen Reich.

Fragen 34 bis 39

Die Beziehung von Holocaust und Schoah

34. Was versteht man unter den Begriffen Holocaust und Schoah?
35. Welcher Zusammenhang besteht zwischen Antisemitismus und Schoah?
36. Gibt es Unterschiede zwischen den antisemitischen Ideen Hitlers und früheren Formen des Judenhasses?
37. Hasste Hitler auch andere so genannte Semiten?
38. War die Schoah einzigartig?
39. Ist eine Leugnung des Holocaust möglich?

34 Was versteht man unter den Begriffen Holocaust und Schoah?

Die Begriffe Holocaust und Schoah stehen für den systematischen Mord an den Juden durch die Nationalsozialisten während des Zweiten Weltkriegs (1939–1945). Die meisten Opfer hat es in Osteuropa gegeben, hauptsächlich in Polen und der damaligen Sowjetunion. Auch viele westeuropäische Juden wurden in den Gaskammern des damals besetzten Polens ermordet. Doch nicht alle Juden sind in diesen Gaskammern der Konzentrationslager, die von den Nationalsozialisten aus dem Boden gestampft wurden, umgekommen. Viele sind schon vorher an Krankheiten, Hunger und durch die schwere Zwangsarbeit gestorben. Hunderttausende wurden von den so genannten Einsatzgruppen, die der deutschen Armee folgten, an Ort und Stelle erschossen. Die genaue Zahl der Opfer ist nicht bekannt. Fundierte Schätzungen belaufen sich auf fünf bis sieben Millionen; meistens wird die Anzahl mit sechs Millionen angegeben. Die Nationalsozialisten nannten den Genozid der Juden in den von ihnen eroberten Ländern euphemistisch die „Endlösung der Judenfrage“.

Während des Zweiten Weltkrieges wurden in Auschwitz-Birkenau mehr als eine Million Juden ermordet. Auschwitz wurde nach dem Krieg zu einem Symbol für den Holocaust (Schoah), aber es wurden auch Hundertausende außerhalb der Konzentrationslager ermordet.

Seite 121 oben: *Eine Anzeigentafel aus dem Jahr 1938: „Die Stadt St. Veit a.d. Glan ist judenrein.“ Die Stadtverwaltung der österreichischen Stadt St. Veit an der Glan verkündet stolz, dass in dieser Stadt keine Juden mehr leben.*

Unter der Zivilbevölkerung sind Juden nicht die einzigen Opfer des Hitler-Regimes gewesen, wohl aber die einzige Gruppe, die die Nationalsozialisten komplett ausrotten wollten. Für den Massenmord an den Juden im Zweiten Weltkrieg – der vom damaligen britischen Ministerpräsidenten Winston Churchill einst als „namenloses Verbrechen“ bezeichnet wurde – sind nach dem Krieg die Begriffe „Holocaust“ und „Schoah“ gebräuchlich geworden. Am häufigsten wird der Begriff „Holocaust“ benutzt, anfänglich nur sporadisch, aber Ende der 1950er-Jahre immer regelmäßiger. Dieses Wort, das schon in alten mittelalterlichen Bibeln vorkommt, ist vom griechischen „holokauston“ abgeleitet und bedeutet „Opfer für einen heidnischen Gott“. Vor dem Zweiten Weltkrieg wurde es einige Male in der Bedeutung von „große Vernichtung des Lebens“ oder „vernichtendes Feuer“ verwendet, aber es war kein gängiger Ausdruck. Der Massenmord an armenischen Christen zu Beginn des 20. Jahrhunderts, das Erdbeben und die Verwüstung San Franciscos (1906), große Waldbrände und verheerende Vulkanausbrüche sind manchmal mit „Holocaust“ bezeichnet worden. In den letzten Jahrzehnten des 20. Jahrhunderts hat der Begriff „Holocaust“ eine etwas weiter gefasste Bedeutung bekommen. Viele Autoren benutzen den Begriff nicht nur für den Massenmord an den Juden in Konzentrations- und Vernichtungslagern und den Exekutionskommandos der deutschen Einsatzgruppen, sondern für die gesamte Verfolgungspolitik der Nationalsozialisten gegenüber Minderheiten während des Zeitraums 1933–1945. Regelmäßig werden auch andere Völkermorde, zum Beispiel die Ermordung der Tutsis 1994 in Ruanda, als Holocaust bezeichnet. Weil das Wort „Holocaust“ in seiner ursprünglichen Form „Opfer“ bedeutet, gibt es gegen den Begriff Einwände. Der Mord an den Juden war kein Opfer. In Israel und in jüdischen Kreisen außerhalb Israels spricht man deswegen meistens von der Schoah. Dieser hebräische Begriff bedeutet

Seite 121 unten: *Ein Überrest der Gettomauer in Warschau. Das Warschauer Getto wurde am 15. November abgeriegelt. Insgesamt wurden 500 000 Menschen hierher verschleppt.*

Die Stadt
St. Veit a.d. Glan ist
Judenrein

„Vernichtung“ oder „vernichtender Wirbelwind“ und wurde schon während des Krieges für die Ausrottung der Juden durch die Nationalsozialisten in Polen benutzt.

Ein „Es wurden nicht sechs Millionen Juden ermordet, sondern ein Jude, und das sechs Millionen Mal. Wenn man also wirklich deutlich machen will, was die Judenverfolgung gewesen ist, müsste man sechs Millionen Biografien schreiben, je eine für jeden dieser sechs Millionen Individuen.“
(Abel Herzberg, niederländisch-jüdischer Schriftsteller, in Nieuw Israëlitisch Weekblad, Dezember 1976.)

Deutschland Von den 525000 Juden, die 1933 in Deutschland lebten, haben circa 25000 den Zweiten Weltkrieg in Europa überlebt. Direkt nachdem Hitler 1933 an die Macht gekommen war, versuchten große Gruppen deutscher Juden, zu emigrieren. Zwischen 1933 und 1935 verließen ungefähr 100000 Juden das Land. Die zweite Emigrationswelle folgte nach dem nächtlichen Pogrom vom 9. auf den 10. November 1938, der Reichspogromnacht. Ende 1938 verbot das Reichssicherheitshauptamt weitere Emigrationen der Juden aus Deutschland; ab diesem Zeitpunkt bis Oktober 1941 gelang es noch ungefähr 150000 Juden, das Land zu verlassen. Der übergroße Teil der deutschen Juden, die nicht hatten flüchten oder emigrieren können, wurde nach Oktober 1941 in eines der Gettos oder Konzentrationslager in Osteuropa deportiert. Die meisten von ihnen sind dort ermordet worden oder an Hunger gestorben.

Österreich Im März 1938, dem („erzwungenen“) Anschluss Österreichs an das Deutsche Reich, lebten ungefähr 185000 Juden in Österreich. Der Großteil (170000) von ihnen lebte in der Hauptstadt Wien. In den ersten Wochen des Anschlusses wurden Juden in großem Umfang öffentlich gedemütigt und verfolgt; Tausende wurden aus ihren Wohnungen vertrieben. Jüdische Betriebe und Fabriken wurden beschlagnahmt. Fast der Hälfte der österreichischen Juden gelang es, der äußerst feindlichen Atmosphäre zu entfliehen und noch vor dem Ausbruch des Zweiten Weltkriegs (September 1939) das Land zu verlassen. Den Juden, die geblieben waren, wurde befohlen, in einer Art Getto in Leopoldstadt, einem Wiener Stadtteil, zu leben. Insgesamt wurden 65000 österreichische Juden zwischen 1938 und 1945 ermordet, die meisten von ihnen in Konzentrations- und Vernichtungslagern. Nur 2142 österreichische Juden haben den Krieg in Wien überlebt.

Polen Es ist unmöglich, das Schicksal der polnischen Juden zwischen 1939 und 1945 in wenigen Sätzen zu beschreiben. Polen hat, wie kein anderes Land, unter dem Zweiten Weltkrieg gelitten; sowohl unter der deutschen Beset-

Das Warschauer Getto

zung, der sowjetischen Besetzung als auch unter den militärischen Kämpfen zwischen der deutschen Armee und den Streitkräften der Sowjetunion. Deutschland und die Sowjetunion eroberten, besetzten und teilten das Land im September 1939. Zwischen 4,5 und 5 Millionen polnische Bürger, unter ihnen annähernd 3 Millionen polnische Juden, haben während des Krieges ihr Leben verloren. Der größte Teil der europäischen Juden ist in dem Konzentrationslager Auschwitz, das die Nationalsozialisten in Polen errichtet hatten, umgekommen. Viele polnische Juden sind Opfer der besonderen Mordkommandos geworden, den so genannten Einsatzgruppen, die eine örtliche jüdische Gemeinde nach der anderen in Massenexekutionen hingerichtet haben. Nur 10 Prozent der polnischen Juden haben den Krieg überlebt; 90 Prozent dieser Überlebenden sind nach dem Krieg aus dem Land geflohen. Grund dafür waren neue antisemitische Krawalle, bei denen es viele Opfer gegeben hatte.

Türkei

Angelo Roncalli, der spätere Papst Johannes XXIII. (1958 – 1963), wurde im Volksmund „il papa buono“ (der gute Papst) genannt. Er verfasste auch ein Bußgebet, das um Sinnesänderung der Christen in ihrem Verhältnis zu den Juden bittet.

Die Türkei ist die meiste Zeit während des Zweiten Weltkriegs neutral geblieben. Ende 1943, als die Bedrohung einer deutschen Invasion abgewendet war, schloss sich das Land den Alliierten an. Während der Schoah war die Türkei für europäische Juden eine wichtige Fluchtroute. Durch die Flucht in die Türkei haben rund 100 000 osteuropäische Juden den Krieg überlebt. Die damalige türkische Regierung hat sich aktiv für eine Gruppe von 10 000 türkischstämmigen Juden in Südfrankreich eingesetzt.
Die Vichy-Regierung, die mit Nazi-Deutschland zusammenarbeitete, wollte 1942 und 1943 diese jüdische Gruppe an die Nationalsozialisten ausliefern. Jedoch gelang es der türkischen Regierung, dies mit einer diplomatischen Offensive zu verhindern. Ein Teil der türkischstämmigen Juden konnte aus Vichy-Frankreich in Zugtransporten quer durch Italien, Kroatien und Bulgarien in die Türkei rücksiedeln; der andere Teil konnte über Spanien und Italien fliehen. 50 000 rumänische Juden konnten 1944 durch amerikanische Bemühungen auf türkischen Schiffen nach Istanbul und weiter nach Palästina gebracht werden. Auch der päpstliche Nuntius (Botschafter) in Istanbul, Erzbischof Angelo Roncalli, der spätere Papst Johannes XXIII., hat sich aktiv, vorwiegend für ungarische Juden, eingesetzt. Über sein Netzwerk und mit von der Kirche angefertigten „Bekehrungsurkunden“ konnten viele Juden gerettet werden. Der Rolle der Türkei bei der Rettung vieler Juden während der Schoah wurde bisher wenig Beachtung geschenkt.

35 Welcher Zusammenhang besteht zwischen Antisemitismus und Schoah?

Die Beziehung von Antisemitismus und Schoah (Holocaust) ist weniger deutlich, als viele annehmen. Ohne den Judenhass Hitlers und seiner Anhänger hätte es keine Schoah gegeben. Aber nicht jede Art des Antisemitismus hat in der Vergangenheit zwangsweise zu Gewalt gegen Juden, oder noch schlimmer, zu Genozid (Völkermord) geführt. Die Frage ist: Warum aber dieses Mal?

Über die Rolle des Antisemitismus im Weltbild Hitlers und der Nationalsozialisten und den Zusammenhang zwischen Antisemitismus in Deutschland und dem Massenmord an den Juden sind unzählige Bücher geschrieben worden, die eine ganze Bibliothek füllen könnten. Als die Nationalsozialisten 1933 in Deutschland an die Macht kamen, wusste jeder, dass sie die Juden verabscheuten. Aber dass dieser Hass zu dem Versuch führen würde, alle Juden in Europa zu ermorden, konnte sich zu diesem Zeitpunkt kaum jemand vorstellen. Antisemitisches Gedankengut war in den ersten Jahrzehnten des 20. Jahrhunderts bei einem Teil der deutschen Bevölkerung stark verbreitet – zumindest in Relation zu anderen kleinen Nachbarländern, wie zum Beispiel den Niederlanden –, aber nicht stärker als in einigen anderen europäischen Ländern. In Frankreich und Russland zum Beispiel wurden antisemitische Einstellungen häufiger und stärker in der Öffentlichkeit gezeigt als in Deutschland. Warum hat es dann in diesen Ländern keinen Holocaust gegeben, in Deutschland aber schon?

Hitlers Buch „Mein Kampf“ (1925) kann als Entwurf für seinen späteren politischen Kurs angesehen werden.

Zur Frage des Zusammenhangs von Antisemitismus und Schoah im Zweiten Weltkrieg spalten sich die Historiker in zwei Gruppen: Die „Intentionalisten“ und die „Funktionalisten“. Die erste Gruppe behauptet, der Antisemitismus Hitlers sei von Anfang an der Motor der Judenverfolgung gewesen. Sie gehen davon aus, dass Hitler seit Beginn seiner politischen Karriere darauf aus war, die Juden zu vernichten. Sein extrem antisemitisches Buch „Mein Kampf“, das er in den 1920er-Jahren während seiner Haftzeit schrieb, liest sich wie eine Matrize für sein politisches Programm. Die Intentionalisten sehen in Hitler den ausschlaggebenden Faktor und die treibende Kraft für „die Endlösung der Judenfrage“. Für sie ist Antisemitismus – verbunden mit der Person Hitlers – der wichtigste Faktor

Auf dem Eingangstor zum Konzentrationslager Auschwitz steht „Arbeit macht frei“.

Verbrennungsöfen im Krematorium des Konzentrationslagers Buchenwald.

zur Erklärung der Schoah. Die Funktionalisten, die Vertreter der anderen Richtung, bestreiten nicht, dass der Antisemitismus im Allgemeinen, und Hitlers Antisemitismus im Besonderen, eine wichtige Rolle gespielt hat. Sie gehen aber davon aus, dass nicht zwingend eine direkte Verbindung zwischen Antisemitismus und Schoah hergestellt werden kann. Sie behaupten, „der Weg nach Auschwitz" hätte auch anders verlaufen können. Das Vorhaben der Nationalsozialisten, Deutschland und Europa „judenrein" zu machen, hat erst zu den Vernichtungslagern geführt, als andere „Lösungen" – wie zum Beispiel Emigration – fehlgeschlagen waren. Nach Meinung der Funktionalisten muss die Schoah eher als Ergebnis von Improvisation, statt von Anfang an geplant, angesehen werden. Den Beschluss der Nationalsozialisten, alle Juden zu ermorden, sehen sie als Resultat des chaotischen Nazisystems: Ein System vieler rivalisierender Gruppen und unterschiedlichster Interessen, das von einem ideologisch besessenen Führer zusammengehalten wurde, der nicht im Stande war, zu planen. Was schließlich den Ausschlag für den Beschluss zum Bau der Vernichtungslager gegeben hat, ist kaum, wenn nicht gar nicht mehr zurückzuverfolgen. Im Nachhinein muss man feststellen, dass es innerhalb Europas nur relativ wenige überzeugte Antisemiten brauchte, um die Judenverfolgung zu organisieren. Am wichtigsten für die Nationalsozialisten war, dass so wenig Protest wie möglich wegen der Judenverfolgung entstand.

36 Gibt es Unterschiede zwischen den antisemitischen Ideen Hitlers und früheren Formen des Judenhasses?

Titelbild des 1938 erschienenen antisemitischen Kinderbuches „Der Giftpilz".

Die Debatte über den Zusammenhang von Schoah und Antisemitismus ist zum Teil auch eine Debatte über die Frage, ob der Nationalsozialismus als Ausläufer oder Nachfahre eines religiösen und ökonomischen Antisemitismus gesehen werden muss. Juden leben seit beinahe 2000 Jahren im christlichen Europa und haben regelmäßig mit Antisemitismus und Verfolgung zu kämpfen gehabt. Aber nie war bisher der Versuch unternommen worden, sie als Gruppe vollständig auszurotten. Unterscheidet sich der Antisemitismus Hitlers radikal von früheren Formen des Judenhasses?

Hitlers Weltbild war eine sehr individuelle Mischung eines religiösen und rassistischen Antisemitismus. Er sah den Kampf zwischen Ariern und Juden als einen Kampf auf Leben und Tod. Hitler selbst war ein ausgesprochener Gegner des Christentums, übernahm aber viele Vorbilder aus alten christlichen antisemitischen Mythen und Legenden. In den 1920er-Jahren, den Anfangsjahren seiner politischen Laufbahn, sprach er in München regelmäßig von den Juden als Gottesmördern. In „Mein Kampf" (1925) schrieb er, dass er davon überzeugt sei, im Sinne Gottes zu handeln, wenn er gegen Juden handele. Er lobte

302. Antisemitisches Wahlplakat zur Reichstagswahl. 1920

Seite 128: *Wahlplakat der Nationalsozialisten aus dem Jahr 1920: Das Bild soll zeigen, dass eine Heirat zwischen einer „arischen" Frau und einem jüdischen Mann zum Untergang Deutschlands führen wird. Das Hakenkreuz war 1920 noch nicht das offizielle Symbol der Nationalsozialisten, was erklärt, warum das Hakenkreuz links oben spiegelverkehrt abgebildet ist.*

Luthers negative Einstellung gegenüber den Juden, kritisierte ihn aber wegen seiner Übersetzung der Bibel, weil er dadurch den „jüdischen Geist" unter das deutsche Volk gebracht hatte. Hitler war stark von den „Protokollen der Weisen von Zion" beeinflusst (siehe Frage 17), für ihn der ultimative Beweis der „jüdischen Weltverschwörung". Hitler war sehr beeindruckt von der Art und Weise, wie Henry Ford diese Protokolle in Amerika verbreitet hatte. In „Mein Kampf" schrieb er, in der Neuen Welt (Amerika) gebe es „nur einen einzigen großen Mann", der es gegen die Juden aufgenommen hatte. In seinem Arbeitszimmer hatte Hitler ein Porträt von Ford stehen.

In erster Linie sah Hitler die Juden als Rasse. Was diesen Punkt angeht, schloss er sich hiermit dem Rassendenken seiner Zeit an. Er war zutiefst davon überzeugt, dass „das Mischen von jüdischem und arischem Blut" zum Untergang der germanischen Kultur führen würde. Für ihn waren die Juden eine „Antirasse", eine Rasse ohne Kultur und Idealismus, „nicht mit einem konstruktiven, jedoch mit einem negativen Intellekt". Deswegen verboten unterschiedliche nationalsozialistische Gesetze schon sehr früh Ehen zwischen Juden und Ariern. Ein derartiges rassistisches Weltbild war zu Hitlers Zeiten zwar nicht die Regel, aber auch keine Ausnahme. Ungewöhnlich war jedoch die Umsetzung derartigen Gedankenguts in konkrete politische Maßnahmen und behördliche Regelungen. Der Radikalismus Hitlers und der Nationalsozialisten lag in erster Linie in ihrem Tatendrang, um ihr Rassendenken politisch und praktisch umzusetzen.

Goldhagen

In seinem umstrittenen Buch „Hitlers Willing Executioners" („Hitlers willige Vollstrecker") von 1996 behauptet der amerikanische Historiker Daniel Goldhagen, dass der Antisemitismus in der politischen Kultur Deutschlands in der ersten Hälfte des 20. Jahrhunderts eine andere Ausprägung hatte als in den übrigen europäischen Ländern. Der Antisemitismus unter den „gewöhnlichen" Deutschen sei stärker gewesen und vor allem auf die Vernichtung „des Gegners" ausgerichtet. Als Hitler an die Macht kam, so schreibt

Goldhagen, sei der Antisemitismus beim deutschen Volk „fähig zum Morden" gewesen. Viele Historiker argumentieren, der Holocaust hätte ohne Hitler nie stattgefunden; Goldhagens Stellungnahme dazu: „Ohne Deutsche kein Holocaust." Vermutlich hatte das Buch unter anderem wegen dieser einseitigen und undifferenzierten Stellungnahme auffallend großen Erfolg bei einem breiten Publikum. Beim Fachpublikum stieß es jedoch auf viel Kritik. Diese Kritik bezog sich nicht nur auf den emotionalen Ton, in dem die Texte geschrieben waren, sondern auch auf die simplen, einseitigen Erklärungen Goldhagens auf die Frage, wie der Holocaust in Deutschland entstanden ist.

„Deutsche! Wehrt euch! Kauft nicht bei Juden!" – Die erste reichsweite Maßnahme gegen deutsche Juden nach der nationalsozialistischen Machtübernahme war der „Aprilboykott" am 1. April 1933.

37 Hasste Hitler auch andere so genannte Semiten?

Die antisemitische Ideologie Hitlers und der Nationalsozialisten war rassisch motiviert. In ihrem Weltbild waren Araber – genau wie Juden – Semiten, und die semitische Rasse war eine „verdorbene Rasse". Anfangs interessierten sich Hitler und seine Anhänger allerdings nicht oder kaum für die arabische Welt. Von Hitler persönlich ist eine Äußerung aus dem Jahr 1939 bekannt, die Völker des Nahen Ostens „als bestenfalls lackierte Halbaffen zu sehen, die die Knute spüren wollen".

Die Nationalsozialisten waren in den 1930er-Jahren gegen die Idee eines jüdischen Staates in Palästina, weil nur Arier das Recht auf politische Souveränität hätten. In den Augen der deutschen Nazis fehlte es den Juden an Kreativität und Idealismus, notwendige Voraussetzungen, um einen Staat aufbauen zu können. 1937 startete Deutschland eine groß angelegte Propagandaoffensive in der arabischen Welt. Großbritannien und Frankreich waren damals die Mächte, die im Nahen und Mittleren Osten und in Nordafrika das Sagen hatten, und Deutschland konnte arabische Unterstützung gegen seine europäischen Gegner gut gebrauchen. Die deutschen Nationalsozialisten versuchten, die arabische Bevölkerung davon zu überzeugen, dass sie gegen denselben Feind kämpften: gegen die Briten und Franzosen (die beiden Kolonialmächte im Nahen und Mittleren Osten) und gegen die Juden (die sich in den 1920er- und 1930er-Jahren in großen Gruppen in Palästina ansiedelten). Viele arabische Nationalisten waren zu Beginn des Zweiten Weltkriegs davon überzeugt, dass die deutschen Siege

Seite 132/133: *Hadji Amin al-Husseini inspiziert ein muslimisches Bataillon der deutschen Waffen-SS in Bosnien, November 1943. Der Kampf gegen die Juden gehörte auch zu seinen zentralen politischen Anliegen.*

in Europa auch zu einem Ende der Zwangsherrschaft Frankreichs und Großbritanniens im Nahen und Mittleren Osten führen würden. Sie unterstützten Nazideutschland, und Deutschland unterstützte sie. Einige Naziideologen versuchten damals, die Idee zu entkräften, dass Araber Semiten seien. Deutsche Botschafter und Konsule in arabischen Ländern haben sogar den Versuch unternommen, die antisemitischen Passagen in Hitlers Buch „Mein Kampf" so umzuschreiben, dass diese Passagen anschließend nur noch als rein antijüdisch gelesen werden konnten. In Ägypten, Syrien und im Irak entstanden nach deutschem Vorbild arabische Naziparteien; aus ihnen sind die Baathparteien in Syrien und im Irak hervorgegangen.

Die prodeutsche Stimmung in der arabischen Welt ist auch nach dem Untergang Nazideutschlands 1945 nie völlig verschwunden. Noch nach der deutschen Niederlage stellte die arabische Propaganda Juden im Allgemeinen und Zionisten im Besonderen als Kommunisten, Bolschewiken und Sowjetagenten dar. Beispielsweise hegte das Nasser-Regime in Ägypten in den ersten Jahren seiner Existenz offene Nazisympathien. Nasser höchstpersönlich erklärte 1964 in einem Interview in der extrem rechten „Deutschen Nationalzeitung", dass „im Krieg unsere Sympathien bei den Deutschen lagen" und dass „die Lüge von den sechs Millionen ermordeten Juden sowieso keiner glaube". Leugnung und Bagatellisierung des Holocaust sind in der arabischen Welt noch immer weit verbreitet.

Der Großmufti von Jerusalem

Der Großmufti von Jerusalem, Hadji Amin al-Husseini, war vor und im Zweiten Weltkrieg einer der wichtigsten arabisch-palästinensischen Führer. Sein Kampf gegen die jüdischen Kolonisten und britischen Verwalter Palästinas brachte ihn dazu, sich für das Lager Hitlers und der Nazis zu entscheiden. Bei Kriegsausbruch flüchtete er in den Irak und unterstützte dort den arabischen Widerstand gegen die Alliierten im Irak, in Syrien und im Libanon. Später im Krieg betreute er für Radio Berlin arabische Sendungen und war an der Bildung islamischer Einheiten für das deutsche Heer auf dem Balkan beteiligt. Der Kampf gegen die Juden – in Palästina, aber auch außerhalb der Landesgrenzen – stand im Zentrum von Husseinis politischem Denken. Es gelang ihm, die Emigration großer Gruppen ungarischer, bulgarischer, rumänischer und italienischer Juden nach Palästina zu verhindern. Damit trug er in nicht unbedeutendem Maße zu deren Vernichtung bei. Husseini wurde nach dem Krieg in Frankreich festgenommen, aber ihm gelang die Flucht, und er entkam nach Ägypten, wo er sich bis zu seinem Tod für die „arabisch-palästinensische Sache" einsetzte.

38 War die Schoah einzigartig?

Darüber, inwieweit die Schoah, der Holocaust einzigartig gewesen ist, ist vor allem in Israel und in jüdischen Kreisen manche Debatte geführt worden: Muss die Schoah als eine einzigartige und nie da gewesene Tragödie betrachtet werden, oder war sie einer der vielen Völkermorde und „Verbrechen gegen die Menschheit" in der Geschichte? Kann man eigentlich vom „armenischen Holocaust" oder dem „ruandischen Holocaust" sprechen? Oder muss der Begriff „Holocaust" für die Judenverfolgung im Zweiten Weltkrieg reserviert werden? Die Frage nach der Einzigartigkeit der Schoah ist untrennbar mit der Diskussion über die Rolle des Antisemitismus (siehe Frage 35 und 36) verbunden und mit der Frage, ob man aus der Schoah etwas lernen kann. In Israel und den Vereinigten Staaten von Amerika werden an vielen Fachhochschulen und Universitäten Lehreinheiten zu „Holocausteducation" (Aufklärung über den Holocaust) Angeboten. Viele Menschen – Juden und Nichtjuden – haben Angst, dass der Mord an sechs Millionen europäischen Juden vergessen oder bagatellisiert wird. Außer-

Seite 136/137: *Auch nach dem Zweiten Weltkrieg ist die Weltgemeinschaft nicht in der Lage, Genozide zu verhindern: 1994 wurden bei einem Völkermord in Ruanda in nur 100 Tagen 800000 Tutsi ermordet.*

dem befürchten sie, die Bezeichnungen „Holocaust“ und „Schoah“ könnten bei jeder passenden und unpassenden Gelegenheit für alle möglichen Formen von Unterdrückung und Mord verwendet werden. Natürlich darf man die Schoah mit anderen Genoziden (Völkermord) vergleichen. Jedoch weisen Historiker darauf hin, dass bisher in der Geschichte noch nie ein Staat versucht habe, als eine Art politisches Ziel jeden Mann, jede Frau und jedes Kind einer bestimmten ethnischen oder religiösen Minderheit systematisch zu ermorden. Dies ist noch nicht einmal während des Massenmordes an den Armeniern in der Türkei, zu Anfang der 1920er-Jahre, geschehen.

Um ihr Ziel zu erreichen, haben die Nationalsozialisten einen kompletten bürokratischen Apparat aufgebaut. Genau darin unterscheidet sich die Schoah von allen anderen Genoziden in der bisherigen Geschichte – und in dieser Hinsicht ist die Schoah sicher einzigartig. Dies ist ein Argument dafür, den Begriff „Holocaust“ für die Schoah zu reservieren und nicht für einen anderen Völkermord zu benutzen. Aber diese Genozide sind jeder für sich ebenfalls einzigartig. Deswegen betonen andere Historiker, die Frage nach der Einzigartigkeit der Schoah sei nicht vordergründig relevant und in gewissem Sinne sogar kontraproduktiv. Jede Katastrophe, jeder Völkermord hat mit anderen Katastrophen und Genoziden Gemeinsamkeiten, aber auch Unterschiede. Das gilt für die Schoah, aber das gilt ebenso für den Massenmord an den Tutsis in Ruanda im Jahr 1994. Das gilt aber auch für die Schrecken des Kommunismus in der Sowjetunion und China, bei denen viele Millionen Menschen ums Leben kamen. Jeder, der die Einzigartigkeit der Schoah betont, stellt die Opfer und Überlebenden der Schoah zu sehr über die Opfer und Überlebenden anderer Genozide, als ob es eine Art Rangliste dieser Schrecken gäbe.

Normale Menschen

„Wir können letzten Endes feststellen, dass der Holocaust im Vergleich zu andern Genoziden eine Reihe einzigartiger Merkmale hat. Aber einzigartig in manchen Punkten bedeutet nicht, einzigartig in allen Punkten. Die unterschiedlichen Täter, die an der „Endlösung" (die endgültige Lösung der Judenfrage) beteiligt waren, und der Entscheidungsprozess an sich, waren nicht einzigartig. Tatsächlich behaupte ich sogar, dass viele Elemente der „Endlösung" ein Zusammentreffen gewöhnlicher Faktoren und gewöhnlicher Menschen war. Ich glaube, es ist sehr wichtig, das zu erkennen. Denn sonst machen wir aus dem Holocaust eine Art mythisches Ereignis außerhalb der Geschichte, etwas das wir nicht fassen können, etwas das wir erst gar nicht zu begreifen brauchen."
(Der amerikanische Historiker Christopher Browning, Autor des Buches „Der Weg zur Endlösung. Entscheidungen und Täter", in einem Interview mit der amerikanischen Monatszeitschrift The Atlantic, am 11. Februar 2004.)

39 Ist eine Leugnung des Holocaust möglich?

Der Mord an den sechs Millionen Juden ist das am besten dokumentierte Verbrechen gegen die Menschheit in der Geschichte. Es gibt unzählige Dokumente, vor allem von deutschen Behörden, über die Planung und Durchführung des Genozids. Es gibt viele Filme und Fotos über die Befreiung der Konzentrationslager, die Entdeckung der Massengräber sowie zahlreiche Zeugenaussagen auch von Überlebenden. Dennoch behaupten einige, dass es den Holocaust nicht gegeben habe. Sie behaupten, der Holocaust sei „jüdische Propaganda", eine „jüdische Lüge" gewesen. Oder sie versuchen, zu beweisen, dass die Zahl von sechs Millionen enorm übertrieben ist. Diese Leugnung oder Bagatellisierung des Holocaust

Die Kinder von Auschwitz. Fotografie von 1945.

geschieht nicht selten mit pseudowissenschaftlichem Anstrich – Holocaustleugner arbeiten gern unter dem neutralen Namen „Revisionisten" oder „historische Revisionisten" – und verfolgt ein politisches Ziel. Meistens ist es der Versuch, neue Anhänger für die Naziideologie zu gewinnen. Die Leugnung des Holocaust arbeitet nach dem gleichen Muster wie die Verschwörungstheorie. Wie Hitler einmal sagte: „Eine Lüge wird geglaubt, wenn sie mit unverschämter Hartnäckigkeit propagiert wird." In vielen europäischen Ländern ist die Leugnung des Holocaust strafbar. In Deutschland ist laut Gesetz die Verbreitung der Auschwitzlüge strafbar, Belgien hat ein Gesetz gegen „Negationismus". In den Niederlanden fällt die Holocaustleugnung im Strafgesetzbuch unter das Verbot zur Anstiftung zum Hass. Dagegen gibt es in den Vereinigten Staaten von Amerika keine Möglichkeit, Holocaustleugner juristisch zu belangen. Artikel 1 des amerikanischen Grundgesetzes – der Artikel, in dem unter anderem das Recht auf freie Meinungsäußerung für jeden amerikanischen Bürger garantiert wird – steht über dem Schutz vor Diskriminierung. Unter anderem deswegen stehen im Internet viele englischsprachige Sites, auf denen Unwahrheiten über den Holocaust verbreitet werden. Um rechtlicher Verfolgung zu entgehen und dennoch ihre Botschaft über das Internet verbreiten zu können, sind diverse Holocaustleugner auf amerikanische Provider ausgewichen. In der arabischen Welt ist die Propaganda von Unwahrheiten über den Holocaust in erster Linie eine Waffe im Kampf gegen Israel. Indem man Zweifel über das Schicksal der Juden im Zweiten Weltkrieg aufkommen lässt, versucht man, die Existenzgrundlage des Staates Israel zu untergraben. Europäische und amerikanische Holocaustleugner haben in der arabischen Welt nicht selten den Status anerkannter Wissenschaftler und werden an Universitäten zu Lesungen eingeladen. 2006 wurde in der iranischen Hauptstadt Teheran eine pseudowissenschaftliche Konferenz über den Holocaust

Rechte Seite: *Ein Überlebender des österreichischen Konzentrationslagers Mauthausen-Gusen.*

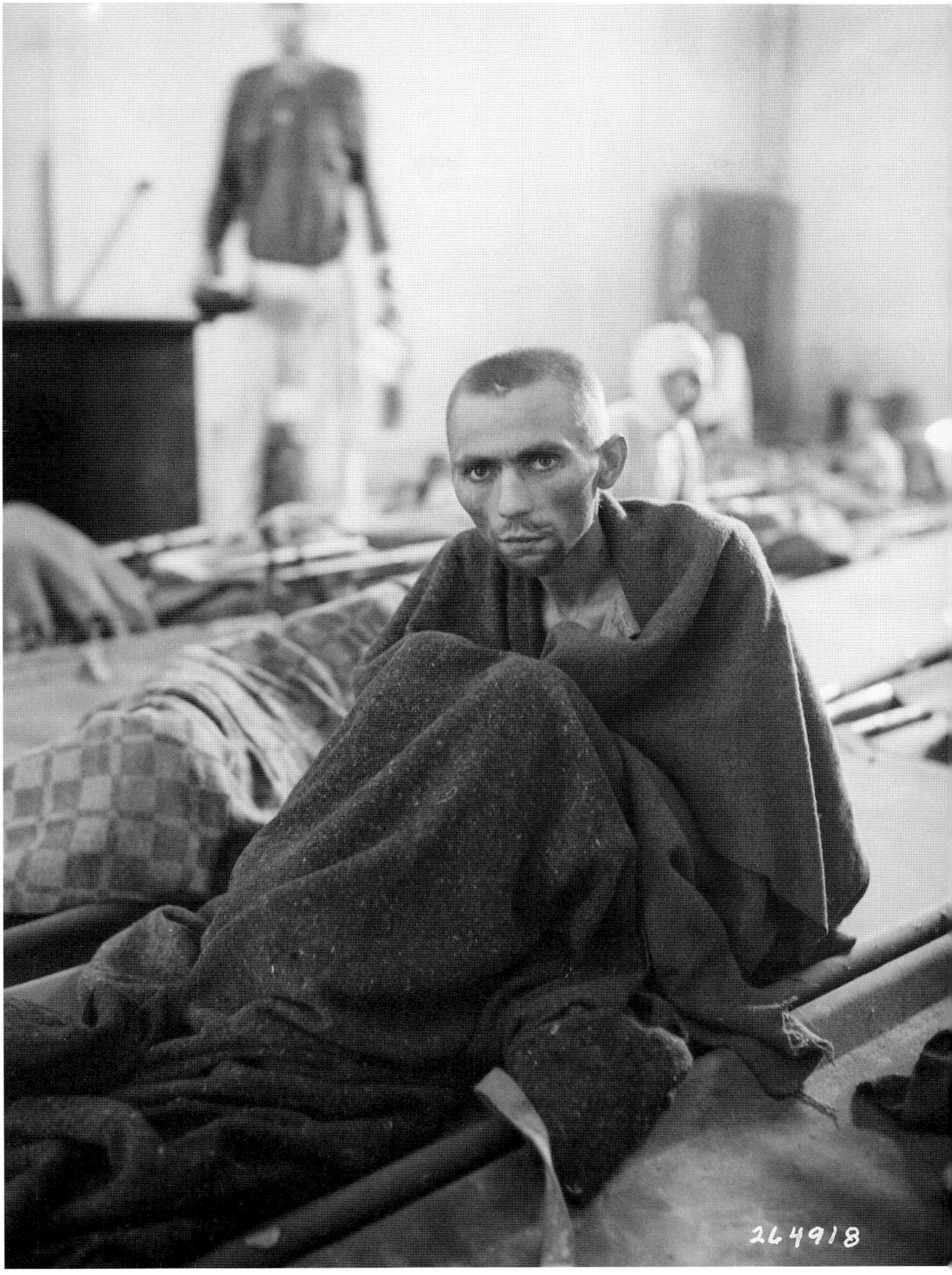
264918

organisiert, zu der ausschließlich Holocaustleugner, sowohl aus dem Westen als auch aus dem Mittleren Osten, eingeladen wurden. In arabischen Fernsehsendern kommen regelmäßig Menschen zu Wort, die behaupten, der Holocaust sei „zionistische Propaganda“. Es gibt nur wenige arabische Medien und Websites, die glaubwürdige und den Tatsachen entsprechende Informationen über Judentum, jüdische Geschichte und den Holocaust verbreiten.

Fragen 40 bis 47

Fragen zu Israel und dem Mittleren Osten

40. Was versteht man unter Zionismus?
41. Was ist der Zusammenhang von Zionismus und Antisemitismus?
42. Ist Zionismus eine Form des Kolonialismus?
43. Ist Zionismus eine Form von Rassismus?
44. Ist der Konflikt zwischen Israel und den Palästinensern ein religiöser Konflikt?
45. Macht Israel mit den Palästinensern dasselbe wie die Nationalsozialisten mit den Juden?
46. Ist der Vergleich von Juden mit Nationalsozialisten antisemitisch?
47. Ist Kritik an Israel antisemitisch?

40 Was versteht man unter Zionismus?

Zionismus ist das Streben der Juden nach Selbstbestimmung und einem eigenen nationalen Staat. Das Wort ist von Zion abgeleitet, der Name eines Berges in Jerusalem. Die Sehnsucht nach einem Vaterland gab es in der jüdischen Tradition und Geschichte immer. Ende des 19. Jahrhunderts wurde der religiöse Zionismus zum ersten Mal eine konkrete politische Bewegung durch die Gründung einer zionistischen Organisation durch den österreichischen Journalisten Theodor Herzl. Auf dem ersten „Zionistischen Weltkongress" in Basel 1897 wurde als Zielsetzung festgelegt, dass „der Zionismus einen öffentlichen, rechtlich garantierten Wohnort für das jüdische Volk in Palästina anstrebt". In der jüdischen Tradition ist das Land ihrer Vorväter – angefangen bei Abraham – immer das „gelobte Land" gewesen. Die zionistische Bewegung entstand im politischen Klima des Nationalismus; in der ganzen Welt entstanden neue nationale Staaten. Für viele Juden, aber nicht für alle, ist das Ausrufen des Staates Israel im Jahr 1948 die Erfüllung des zionistischen Ideals gewesen. Das „Bauwerk", wie es Herzl und andere Zionisten definiert haben, ruht auf vier Säulen: der Existenz eines jüdischen Volkes, der Unmöglichkeit zur Assimilation der Juden in der Diaspora, dem historischen Recht der Juden auf das „gelobte Land" und dem weniger ins Gewicht fallenden Recht anderer auf dieses Land. Für Befürworter des Zionismus sind dies vier selbstverständliche Prinzipien. Kritiker des Zionismus jedoch verwerfen diese Grundüberzeugungen. Die arabische Welt im Allgemeinen und die Palästinenser im Besonderen haben die Errichtung des jüdischen Staates Israel immer als eine unzulässige Besetzung des Landes angesehen, das sie nach wie vor Palästina nennen.

Der österreichische Journalist Theodor Herzl (1860–1904) wird als Begründer des politischen Zionismus angesehen.

Die Ausrufung des Staates Israel in Tel Aviv am 14. Mai 1948.

Die Immigration der jüdischen Siedler in das spätere Palästina ist in Schüben verlaufen. Vor allem in den 1920er- und 1930er-Jahren des letzten Jahrhunderts – als Palästina unter britischer Verwaltung (Mandat vom Völkerbund) stand – siedelten sich Hunderttausende europäische Juden in diesem Land an. Kurz nach dem Zweiten Weltkrieg zog ein großer Teil der europäischen Juden, die die Schoah überlebt hatten, ebenfalls nach Palästina. 1947 trennten die Vereinten Nationen Palästina in einen jüdischen und einen arabischen Teil, eine Verteilung, die von den arabischen Palästinensern abgelehnt wurde. Wegen der Ausrufung des neuen, unabhängigen jüdischen Staates 1948 (nach dem Abzug der britischen Truppen), wurde Israel von den arabischen Nachbarländern angegriffen – ein Krieg, den Israel gewann. Die schätzungsweise 700 000 bis 900 000 vertriebenen bzw. geflüchteten palästinensischen Araber sind bis heute ein

Der Felsendom in Jerusalem ist das wohl bekannteste Wahrzeichen Jerusalems.

ungelöstes Problem im Konflikt zwischen Israel und Palästina. Der massive jüdische Exodus aus der gesamten muslimischen Welt – von Marokko bis zum Iran – nach Israel in den Jahren kurz nach der Entstehung des neuen Staates, hat ebenfalls zu einem großen Teil den Charakter einer Flucht beziehungsweise einer Vertreibung gehabt. Nach dem Unabhängigkeitskrieg von 1948–1949 hat Israel noch fünf Mal Krieg gegen ein oder mehrere Nachbarländer geführt. 1956 griff Israel, unterstützt von Frankreich und Großbritannien, Ägypten an, nachdem es den Suezkanal verstaatlicht hatte. 1967 wurde Israel von seinen Nachbarländern angegriffen (der Sechs-Tage-Krieg), und 1973 eroberten Ägypten und Syrien einen kleinen Teil ihres vor sechs Jahren verlorenen Gebietes

Über 4500 jüdische Passagiere brachte das Schiff „Exodus" im Jahr 1947 nach Palästina.

(der Jom-Kippur-Krieg) zurück. 1982 fiel Israel im Libanon ein, um den Terrorismus und die Anschläge an seiner Nordgrenze zu unterbinden. Nach erneuten Anschlägen und der Entführung zweier israelischer Soldaten, marschierte im Sommer 2006 die israelische Armee erneut im Süden Libanons ein. Der Volksaufstand der Palästinenser in den besetzten Gebieten, die so genannte zweite Intifada, der im Jahr 2000 anfing und ungefähr fünf Jahre dauerte, wird von vielen ebenfalls als Krieg angesehen.

Theodor Herzl

Theodor Herzl ist der Begründer des Zionismus. Er wurde in Budapest geboren, studierte Jura in Wien und wurde im letzten Jahrzehnt des 19. Jahrhunderts Korrespondent einer österreichischen Zeitung in Paris. Die Dreyfus-Affäre und die Welle des Antisemitismus, die daraufhin in Frankreich einsetzte, änderten seine Einstellung zur „Judenfrage", wie man es damals nannte. Er glaubte nicht länger an die Assimilation der Juden in die europäische Gesellschaft. In seinem Buch „Der Judenstaat" (1896) plädiert er für die Gründung eines jüdischen Staates, am liebsten in Palästina. Sein Leben lang hat sich Herzl hierfür eingesetzt und Lobbyarbeit geleistet, unter anderem beim deutschen Kaiser, dem türkischen Sultan, Papst Pius X., dem italienischen König, bei britischen und russischen Ministern (sogar bei einem russischen Minister, der mitverantwortlich für die Organisation von Pogromen gegen Juden gewesen ist).

Der Name Palästina

Genau wie der Name Israel, ist auch der Name Palästina Tausende Jahre alt. Der Name ist vom Wort Philister abgeleitet; Palästina bedeutet „das Land der Philister". Die Philister kamen – genau wie die Israeliten – ungefähr 1 200 Jahre vor unserer Zeitrechnung als Nomaden ins Land und lebten hauptsächlich an der Küste. Genau wie viele andere Völker, so starben im Lauf der Jahrhunderte die Philister aus. Die Palästinenser können also nicht als direkte Nachfahren der Philister angesehen werden. Die Römer änderten den Namen Israel in Palästina, als sie das Gebiet eroberten. In der ottomanischen Zeit (vom 16. Jahrhundert bis zu Anfang des 20. Jahrhunderts) wurde der Name Palästina nicht benutzt, aber nachdem Großbritannien diesen Teil des Osmanischen Reichs im Ersten Weltkrieg erobert hatte, kehrte der Name in den offiziellen Sprachgebrauch zurück.

41 Was ist der Zusammenhang von Zionismus und Antisemitismus?

Die Geschichte des Zionismus ist auf vielfältige Weise mit der Geschichte des Antisemitismus verknüpft. Für die meisten Juden ist das zionistische Ideal unlösbar mit der Geschichte von Diskriminierung und Antisemitismus in Europa verbunden. Vor dem Zweiten Weltkrieg war die zionistische Bewegung vor allem unter europäischen Juden stark vertreten, schwerpunktmäßig in Polen und der Sowjetunion. Viel weniger vertreten war sie unter den Juden der Länder Nordafrikas, des Mittleren Ostens und

der Vereinigten Staaten. Der aufkommende Nationalsozialismus und der wachsende Antisemitismus in Deutschland, Frankreich und Osteuropa in den 1920er- und 1930er-Jahren des letzten Jahrhunderts war für Hunderttausende Juden der Grund, ihr Heil in Palästina zu suchen. Ein Großteil der europäischen Juden, die die Schoah überlebt hatten, emigrierte nach dem Krieg in die Vereinigten Staaten oder nach Israel. Aber auch nach der Gründung des Staates Israel, im Jahr 1948, kam es zu einer Völkerwanderung der Juden aus der muslimischen Welt. In zahlreichen muslimischen Ländern häuften sich in den 1940er-Jahren des vorigen Jahrhunderts antisemitische Tumulte und Pogrome gegen Juden. Hunderttausende sind, manchmal ihren gesamten Besitz zurücklassend, nach Israel ausgewandert oder gar geflüchtet. Von den rund einer Million Juden, die in den 1940er-Jahren im Herzen der muslimischen Welt (Nordafrika und der Mittlere Osten, einschließlich der Türkei und dem Iran) lebten, sind heute höchstens noch einige Zehntausende übrig (vorwiegend in der Türkei und dem Iran). Rein zahlenmäßig gesehen, ist das Verschwinden der Juden aus der muslimischen Welt radikaler gewesen als das „Verschwinden" der jüdischen Bevölkerung in Europa als Folge des Holocaust. Zionismus kann also durchaus als Antwort auf Antisemitismus angesehen werden, aber gleichzeitig kann man auch feststellen, dass Zionismus in den vergangenen Jahrzehnten Antisemitismus ausgelöst hat. Vom jüdischen wie auch israelischen Standpunkt aus gesehen, besteht ein Teil der Tragik des heutigen Konflikts mit der arabischen Welt darin, dass viele Araber ihren Widerstand gegen „den Zionismus" und gegen Israel beziehungsweise die Politik Israels in antisemitischen Parolen und Symbolen ausdrücken. Antisemitische Propaganda der europäischen Vergangenheit – von Adolf Hitlers „Mein Kampf" bis zu den „Protokollen der Weisen von Zion" – wird derzeit in der arabischen Welt in Massen gedruckt und verbreitet.

Der Davidstern kommt in der arabischen Presse häufig in Karikaturen vor. Er wird hier assoziiert mit Konzentrationslagern, Tod und Vernichtung.

Al-Riyadh (Saudi-Arabien), 4. April 2003

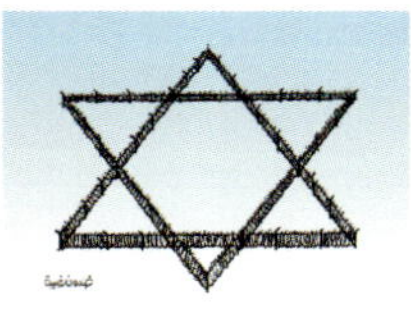

Al-Rai (Jordanien), 4. Dezember 2002

Al-Sharg Al-Awsat (London), 23. November 2000

Hasserfüllte antisemitische Karikaturen über Juden sind in der arabischen Presse eher die Regel als die Ausnahme. „Zionist" ist ein Schimpfwort geworden und hat als Begriff jeden rationalen Bezug zur Geschichte oder Geografie verloren. Zwischen den Wörtern „Jude", „Israeli" und „Zionist" wird selten unterschieden.

Jude = Zionist?

Nicht alle Juden sind oder nennen sich Zionisten. Eine Meinungsumfrage im Jahr 2005 unter amerikanischen Juden hat ergeben, dass sich nur 17 Prozent als Zionisten bezeichnen. Und nur eine bescheidene Mehrheit der amerikanischen Juden (57 Prozent) sagt, der Halt, den Israel ihnen gibt, sei wichtiger Bestandteil ihres Judentums. 1989 war dieser Prozentsatz ansehnlich höher: er lag bei 73 Prozent.

Russische Remigranten

In den Jahren vor dem Zweiten Weltkrieg fühlten sich vor allem russische Juden vom Zionismus angezogen. Virulenter Antisemitismus in Russland – und später in der Sowjetunion – war für sie ein wichtiger Grund, das Land verlassen zu wollen. Auch nach dem Zweiten Weltkrieg, vor allem ab der Ära Gorbatschow, sind Hunderttausende russische Juden emigriert, vor allem nach Israel, den Vereinigten Staaten und Deutschland. In den letzten Jahren ist jedoch eine auffallend große Zahl der russischen Juden, die sich in Israel angesiedelt hatten, zurück nach Russland gegangen. Nach Angaben der Föderation der jüdischen Gemeinden in Russland, handelt es sich in den Jahren 2004–2006 um nicht weniger als 100 000 Remigranten. Der wirtschaftliche Aufschwung Russlands wird sicher auch zu dieser bemerkenswerten Remigration beigetragen haben.

42 Ist Zionismus eine Form des Kolonialismus?

Für viele arabische Politiker und Intellektuelle ist Zionismus gleichbedeutend mit Kolonialismus. Für sie ist der Kampf der Palästinenser ein Freiheitskampf gegen den

Ein deutscher Kolonialherr in Togo, um 1885.

kolonialen Machthaber, der durch „den Zionismus" verkörpert wird. Zionisten unterscheiden sich nur unwesentlich von den spanischen Conquistadores, die Lateinamerika eroberten, oder den europäischen Kolonialisten, die Nordamerika, Australien und Teile Afrikas und Asiens kolonialisiert haben. Der Vergleich zwischen Zionismus und Kolonialismus wurde schon 1919 auf dem ersten palästinensischen Kongress gezogen. Auch der bekannte palästinensische Schriftsteller Edward Said benutzte oft diesen Vergleich. Der Vergleich von Zionismus und Kolonialismus stimmt in einzelnen Punkten, aber er hinkt auch. Jüdische Zionisten sind in der Tat für die Errichtung des Staates Israel (1948), unterstützt von der imperialen Großmacht Großbritannien, die seit 1917 die Macht in Palästina hatte, verantwortlich. Aber im Gegensatz zu den Conquistadores oder den europäischen Kolonialisten in Afrika und Asien, haben die jüdischen Siedler das Land nicht mit Waffen oder Gewalt erobert. Vor 1948 hat der Jüdische Nationalfonds in Palästina vor allem Land von Arabern gekauft, die häufig nicht in Palästina lebten.
Die häufigsten politischen Motive für Kolonien waren: wirtschaftlicher Gewinn, Handelsmöglichkeiten oder geopolitische oder militärstrategische Interessen. Jüdische Siedler aber sind nicht nach Israel gekommen, um das Land „auszubeuten", sondern um zu investieren und etwas aufzubauen. Außerdem hat Israel keine Brückenfunktion für weitere Eroberungen in der Region. Der Vergleich von Zionismus und Kolonialismus – wobei die Israelis die Kolonialisten sind und die Palästinenser die Kolonialisierten – geht oft von der Voraussetzung aus, dass die Juden ein Mutterland hätten, in das sie zurückkehren könnten. Französische „Pieds Noirs" (Algerien-Franzosen jüdischen Glaubens) konnten nach der algerischen Unabhängigkeit 1962 nach Frankreich zurückkehren; Bewohner der niederländischen Kolonie Niederländisch-Ostindien konnten nach der Unabhängigkeit Indonesiens 1948 in die Niederlande zurückkehren.

Wer Zionismus als eine Form des Kolonialismus abstempelt und damit suggeriert, dass alles durch Israel besetzt ist, und demnach nicht nur das westliche Jordanufer und die Golanhöhen, der sagt implizit, dass alle Juden zurück müssen. Aber wohin zurück? Zurück nach Europa, in den Irak, Syrien oder Ägypten? Der Vergleich des Zionismus mit dem Kolonialismus bestreitet die Existenzberechtigung des Staates Israel und auch das Recht der Juden auf eigenes Land.

Palästinensische Flüchtlinge

Nach dem israelisch-arabischen Krieg im Jahr 1948 sind zwischen 700 000 und 900 000 Palästinenser geflüchtet. In den Augen vieler Israelis war dieser palästinensische Exodus größtenteils freiwillig; nach Meinung der meisten Palästinenser, und einer Anzahl kritischer israelischer Historiker, war es eine Vertreibung, eine Form der ethnischen Säuberung. Tatsache ist, dass die nachfolgenden israelischen Regierungen den palästinensischen Flüchtlingen nicht erlaubt haben, in ihre Häuser, Dörfer und Städte zurückzukehren. Diese Blockade rückkehrwilliger Flüchtlinge hat zu der heutigen Situation mit palästinensischen Flüchtlingslagern am westlichen Jordanufer, im Gazastreifen, in Jordanien, Libanon und Syrien geführt. Für Palästinenser ist das „Recht auf Rückkehr" eine der wichtigsten Forderungen bei den palästinensisch-israelischen Verhandlungen. Israel will dies nicht zugestehen, da die Rückkehr der Palästinenser den jüdischen Charakter des Staates Israel beenden würde. Wenn alle palästinensischen Flüchtlinge und ihre Nachkommen zurückkehrten, so schlussfolgern viele in Israel, wären die Juden in Israel bald eine Minderheit im eigenen Land.

Besetzte Gebiete

Nach ihrem Sieg im Sechs-Tage-Krieg von 1967 haben israelische Regierungen in den 1970er- und 1980er-Jahren jüdischen Siedlern die Erlaubnis erteilt, Häuser und Dörfer in den gerade eroberten Gebieten zu errichten. Im Gazastreifen, der bis Juni 2006 von Israel besetzt war und danach geräumt wurde, haben sich einige 1 000 Siedler angesiedelt, auf dem Westjordanufer ungefähr 180 000 und im östlichen Jerusalem etwas unter 200 000. Eine Mehrheit hat sich aus wirtschaftlichen Gründen hier angesiedelt, da zum Beispiel die Hauspreise im israelischen Teil Jerusalems unbezahlbar hoch sind. Eine große Gruppe – wenn auch die Minderheit – hat sich in den besetzten Gebieten aus religiöser und politischer Überzeugung niedergelassen. Für sie ist das biblische Judäa und Samaria (wie sie das Westjordanufer nennen) ein integraler Teil des Staates Israel. Diese Siedler sowie

der fortwährende militärische Schutz, den sie genießen, sind die Hauptursache für die Verbitterung und Radikalisierung der palästinensischen Bevölkerung. Der Sicherheitsrat der Vereinten Nationen hat Israel mehrmals aufgefordert, die Besetzung abzubrechen. Objektiv gesehen, bilden die besetzten Gebiete für Israel schon lange keine sichere Pufferzone mehr, sondern sind sowohl finanziell als auch militärisch eine Belastung.
Die umstrittene, acht Meter hohe Grenzmauer am Westufer, die Israel errichtet hat, um Anschläge palästinensischer Terroristen abzuwehren, ist dafür ein treffendes Beispiel. Die palästinensischen Städte des Westjordanufers haben eingeschränkte Selbstbestimmung; israelische Militärs kontrollieren die Straßen, Wasserwege, Grenzen, den Luft- und Bodenraum und beschützen die israelischen Siedler.

Vier Kriege

„Es gibt vier Kriege. Den nicht gerechtfertigten palästinensischen Krieg, in dem Israel vernichtet und der Staat ersetzt werden soll. Den gerechtfertigten palästinensischen Krieg, um neben Israel einen palästinensischen Staat zu errichten. Israel führt einen Krieg, um seinen Staat zu verteidigen – das ist gerechtfertigt. Aber es gibt auch einen israelischen Krieg für ein Großisrael, und der ist nicht gerechtfertigt. Wenn man im Einzelnen ein Urteil fällen will, muss man erst fragen, wer welchen Krieg führt und mit welchen Mitteln. Und ob diese Mittel dem Ziel angemessen sind – oder welchem Ziel auch immer. Die meisten, die Israel verteidigen oder angreifen, und die meisten, die Palästina verteidigen oder angreifen, machen nicht einmal den Versuch, sich dieser notwendigen Voraussetzung zu stellen."
(Michael Walzer, amerikanischer Hochschuldozent und Autor des Buchs „Just and Unjust Wars", in einem Interview mit der amerikanischen Zeitschrift Imprints, 2003.)

43 Ist Zionismus eine Form von Rassismus?

Unter dem Druck der Sowjetunion und der arabischen Länder nahm die Generalversammlung der Vereinten Nationen 1975 einen Antrag an, in dem Zionismus als eine Form des Rassismus eingeordnet wurde.

Die traditionelle Kopfbedeckung des jüdischen Mannes. Im Laufe der Zeit ist die Kippa zu einem Erkennungszeichen des Juden geworden, der den Sitten Israels treu ist und die Erfüllung aller Pflichten auf sich genommen hat.

Diese Resolution wurde erst 1991 wieder aufgehoben; nur einige muslimische Länder sowie Kuba, Nordkorea und Vietnam stimmten damals dagegen. Auch heute noch wird in der Propaganda gegen Israel Zionismus als rassistisch bewertet. Israel wird oft mit Südafrika zu Zeiten der Apartheid verglichen. Ist Zionismus rassistisch, und ist Israel ein Apartheidstaat?
Nach dem israelischen Gesetz hat jeder Jude weltweit das Recht, nach Israel zu gehen (das so genannte Recht auf Rückkehr). Bei der Beantwortung der Frage „Wer ist Jude?“ wendet Israel eine religiös-orthodoxe Definition des Judentums an. Jedes Kind einer jüdischen Mutter ist jüdisch sowie jeder, der nach den streng orthodoxen Gesetzen jüdisch geworden ist. In Israel leben Juden, die aus mehreren hundert Ländern stammen und sehr unterschiedliche kulturelle und historische Hintergründe haben. Zum Beispiel lebt dort eine beachtlich große Gruppe schwarzer Juden aus Äthiopien. Die Frage „Wer ist Jude?“

Nicht alle Menschen in Israel sind Juden. Fast 2 Prozent der Bevölkerung in Israel sind Drusen. Der Glaube der Drusen ist von der ismailitischen Tradition geprägt. 1957 erkannte der Staat Israel die Drusen als eigenständige Religionsgemeinschaft an.

Eine libanesische Drusin; die Fotografie wurde in den 1870er-Jahren aufgenommen.

wird also sowohl auf der Grundlage der Abstammung als auch der Religion entschieden. Übrigens ist auch in arabischen Ländern die Staatsbürgerschaft an die Abstammung gekoppelt, und es ist für Nichtmuslime so gut wie unmöglich, sich einbürgern zu lassen. Es ist äußerst selektiv und einseitig, Zionismus als eine Form von Rassismus abzutun und gleichzeitig die Vorgehensweise der israelischen Nachbarländer außer Acht zu lassen. In Israel gibt es keine juristische oder offizielle Trennung „ethnischer" Gruppen („Rassentrennung") wie in Südafrika zu Zeiten der Apartheid oder im Süden der Vereinigten Staaten bis in die 1950er-Jahre. Diese Art von Vergleich ist also von der Faktenlage in vielen Punkten unwahr. Dem steht gegenüber, dass nichtjüdische Staatsbürger in Israel – ungefähr 20 Prozent der Bevölkerung – diskriminiert werden. Sie haben in vielerlei Hinsicht den Status von „Bürgern zweiter Klasse". Sie dürfen zum Beispiel kein Land kaufen. In einem Bericht der Vereinten Nationen von 1998 wurde auf 17 diskriminierende Gesetze, die die arabische Bevölkerung betreffen, hingewiesen. Die nichtjüdische Bevölkerung Israels besteht zum größten Teil aus Nachkommen der Araber, die nach dem Krieg von 1948–1949 im Land geblieben sind. Die Arbeitslosenquote der arabischen Israelis ist fast doppelt so hoch wie der Landesdurchschnitt. Vom äußerst rechten Spektrum der israelischen Politik werden, vor allem seit der zweiten Intifada, Stimmen laut, alle Araber des Landes zu verweisen. Aber das ist nicht der Standpunkt der Regierung. Mehr noch als die nichtjüdischen Israelis, sind die Palästinenser in den besetzten Gebieten (das Westjordanufer und das östliche Jerusalem) Schikanen ausgesetzt. Vor allem, wenn sie in Israel selbst arbeiten, studieren, ins Krankenhaus oder in die Schule gehen wollen und deshalb regelmäßig Checkpoints der israelischen Armee passieren müssen. Israel eroberte diese Gebiete 1967, nachdem Syrien, Jordanien und Ägypten dem Land den Krieg erklärt hatten. In den besetzten Gebieten wohnten schätzungsweise 2,8 Millionen Palästinenser. Zum Teil sind es Flüchtlinge und ihre Nachkommen, die 1948 und 1949, als der israelische Staat ausgerufen wurde, aus dem Land geflüchtet sind, teils sind es palästinensische Familien, die dort bereits vor 1948 lebten. Es gibt gute und verständliche Argumente gegen die Politik Israels, was die besetzten Gebiete betrifft. Die israelische Regierung hätte jüdischen Siedlern nie die Zustimmung erteilen dürfen, sich in diesen Gebieten anzusiedeln; sie hat die palästinensische Selbstverwaltung viel zu lange blockiert. Aber selbst die militärische Besetzung des westlichen Jordanufers und Ostjerusalems rechtfertigen eine Parallele mit der ehemaligen Apartheidregierung Südafrikas nicht.

Arabische Israelis

Drei Viertel der rund eine Million arabischen Israelis sind Muslime, rund 13 Prozent sind Christen, und ungefähr 10 Prozent sind Drusen. Nur für drusische Jugendliche gilt die israelische Wehrpflicht (genau wie für alle jüdischen Israelis). Arabische Israelis haben Stimmrecht, aber bei den letzten Wahlen blieben viele zu Hause. Bis vor Kurzem hatte die kommunistische Partei Israels viele Anhänger unter der arabischen Bevölkerung. Fast die Hälfte der männlichen arabischen Bevölkerung sind Bauarbeiter.

44 Ist der Konflikt zwischen Israel und den Palästinensern ein religiöser Konflikt?

Vom Grundsatz her ist der Konflikt zwischen Israel und den Palästinensern ein territorialer und politischer Kon-

flikt und kein religiöser. Aber im Laufe der Jahre ist die Religion, und besonders religiöser Fundamentalismus, immer häufiger als Begründung für die Ursache des Konflikts herangezogen worden. Auf palästinensisch-arabischer Seite ist in den letzten Jahren die religiöse Dimension des Konflikts stärker ins Rampenlicht gerückt. In Moscheen wird zu einem heiligen Krieg gegen die Zionisten und „Kreuzfahrer“ (ein oft benutztes Bild für „den Westen“) aufgerufen. Radikale Organisatoren, wie die Hamas oder die islamistische Dschihad, die die Befreiung ganz Palästinas fordern und damit gegen das Existenzrecht Israels sind, sind ideologisch im Islam verwurzelt. Ihre Anhängerschaft wächst stetig. Auch die Strömung innerhalb Israels, die ein „Großisrael“ inklusive der besetzten Gebiete anstrebt, ist größtenteils stark religiös gefärbt. Die Besetzung der palästinensischen Gebiete wird mit historisch-religiösen Argumenten gerechtfertigt.

Seite 158: *Die Kontrollen der israelischen Armee in den besetzten Gebieten sind eine Quelle der Frustration für viele Palästinenser. Jerusalem, 1990.*

„Weiter nach Al-Aksa!“ steht in arabischer Schrift auf dieser Mauer. Al-Aksa ist der Name der Moschee, die auf dem Tempelberg in Jerusalem liegt, der für Muslime und Juden als heilig gilt.

Die religiöse Dimension ist tatsächlich ein wichtiger Faktor im Konflikt zwischen Israel und den Palästinensern, aber auf andere Art und Weise, als viele vermuten. Religion spielt bei den Palästinensern und in den israelischen Gemeinden eine große Rolle, aber es gibt keinen religiösen Streit zwischen nur zwei Parteien. Die Hamas führt nicht nur gegen Israel einen Krieg, sondern auch gegen die säkularen (also die nichtreligiösen) Palästinenser, verkörpert durch die Fatah. Für die Hamas ist es vielleicht in erster Linie ein Krieg um den Charakter des zukünftigen palästinensischen Staates: Wird er ein islamistischer oder ein säkularer Staat? Und auch innerhalb der israelischen Politik besteht die religiöse Dimension vor allem im Streit um den Charakter des Staates. Israel ist nie ein säkularer Staat gewesen, weil es keine Trennung zwischen Kirche und Staat gibt. Jede politische Diskussion über Eheschließung, Scheidung und Bildung ist fruchtlos, da die Rabbiner hierüber das Sagen haben.

Zwei Kriege

Jassir Arafat (1929–2004) war vom 12. Februar 1996 bis zu seinem Tod am 11. November 2004 Präsident der palästinensischen Autonomiegebiete.

„In unserer Region sind zwei palästinensisch-israelische Kriege ausgebrochen. Der eine ist der Krieg des palästinensischen Volkes, und hat als Ziel die Befreiung von der Besetzung und das Recht auf die Bildung eines eigenen Staates. Jeder rechtschaffene Mensch sollte dieses Ideal unterstützen. Der zweite Krieg wird vom fanatischen Islam geführt, von Iran bis zum Gaza und von Libanon bis nach Ramallah, mit dem Ziel, Israel zu Grunde zu richten und die Juden aus dem Land zu vertreiben. Jeder rechtschaffene Mensch sollte dieses Streben aufs Stärkste verurteilen. Jassir Arafat und seine Anhänger führen beide Kriege gleichzeitig und tun so, als gehe es um einen einzigen Krieg. Die Menschen, die Selbstmordattentate durchführen, machen einen derartigen Unterschied anscheinend nicht. Ein Großteil der weltweiten Bestürzung über den Mittleren Osten, ein Großteil der Verwirrung unter den Israelis selbst, beruht auf der Tatsache, dass sich diese beiden Kriege teilweise überlappen."
(Amos Oz, israelischer Schriftsteller, 2002.)

45 Macht Israel mit den Palästinensern dasselbe wie die Nationalsozialisten mit den Juden?

Ein zeitgenössisches antisemitisches Motiv: Juden werden als Nazis dargestellt.

Al-Sharq Al-Awsat (London), 11. Juli 2001

Al.Ba'ath (Syrien), 1. März 2000

Al.Gumhuriyya (Ägypten), 29. Februar 2000

Sharon und Hitler küssen sich. Nicht nur Araber unterstellen Juden und Nazis fragwürdige Verhältnisse.

Nicht nur in der arabischen Welt, sondern auch in Europa und den Vereinigten Staaten wird in Debatten und Diskussionen regelmäßig der Vergleich zwischen dem Schicksal der Juden im Zweiten Weltkrieg und dem Schicksal der Palästinenser heute gezogen. „Was die Deutschen den Juden antaten, tut Israel heute den Palästinensern an", hört man oft von Sympathisanten der Palästinenser. Wie tragisch das Schicksal vieler Palästinenser auch ist, der Vergleich hinkt an einigen wesentlichen Punkten. Israel und Palästina kämpfen in einem scheinbar ausweglosen territorialen Konflikt, bei dem Israel, militärisch gesehen, überlegen ist. Trotzdem versucht Israel dabei nicht, die Palästinenser auszurotten. Solch eine „Endlösung" der palästinensischen Frage steht überhaupt nicht zur Diskussion. In den ersten Jahren des 21. Jahrhunderts hat es einige Tausend Tote unter den Palästinensern gegeben, aber von einem systematischen Mord an der palästinensischen Bevölkerung kann keine Rede sein. Auch auf israelischer Seite sind Opfer zu beklagen. Die israelische Armee ist in den letzten Jahren hart vorgegangen; viele Häuser palästinensischer Familien, deren Angehörige (Selbstmord-)Attentate verübt hatten, sind dem Boden gleichgemacht worden. Aber auf der West Bank und im Gazastreifen (zu Zeiten der Besetzung) stehen keine Konzentrations-

oder Vernichtungslager. Es gibt keine aktiven „Einsatzgruppen“, die systematisch oder aufs Geratewohl Palästinenser exekutieren, bloß weil sie Palästinenser sind. Der Konflikt, den Israel und die Palästinenser austragen, hat einen vollkommen anderen Ursprung als die Judenverfolgung während des Nationalsozialismus. Der Streit im Mittleren Osten ist in erster Linie ein Streit über die Verfügungsgewalt bestimmter Gebiete. Zwei Parteien – Israelis und Palästinenser – beanspruchen dasselbe Gebiet und begründen beide ihren Anspruch aus ihrer Geschichte und ihrer Religion. Über eine mögliche Aufteilung können sie sich nicht einigen, auch nicht nach mehreren Vermittlungsversuchen. Die Nationalsozialisten in Deutschland hatten keinen politischen oder territorialen Konflikt mit den Juden Europas. Der Holocaust begründete sich primär aus Rassenwahn und Antisemitismus.

Die Zahl der Opfer (1)

Auch wenn man die Anzahl der Opfer nebeneinanderstellt, sieht man, wie unpassend der Vergleich von Juden und Nationalsozialisten ist. In den ersten drei Jahren der zweiten Intifada (Volksaufstand) der Palästinenser, von September 2000 bis Februar 2004, gab es auf palästinensischer Seite ungefähr 2650 Tote (nach Angaben des palästinensischen Roten Halbmonds). In derselben Periode gab es auf israelischer Seite 823 Tote (nach Angaben des israelischen Auslandsministeriums). Die Zahl der Juden, die zwischen 1939 und 1945 in Europa getötet wurden, betrug ungefähr sechs Millionen. Der Konflikt, den die Israelis und Palästinenser ausfechten, lässt sich eher mit der russischen Besetzung Tschetscheniens vergleichen und der indischen Militärregierung in Kaschmir – ebenfalls zwei Gebiete mit einer langen Geschichte von Aufständen, Unterdrückung und vielen muslimischen Opfern. Nach inoffiziellen Schätzungen gab es in Tschetschenien zwischen 1994 und 1996 und zwischen 1999 und 2003 rund 100000 Opfer und wurden mehr als 12000 russische Soldaten getötet (andere Quellen schätzen die Zahl der getöteten russischen Soldaten sogar auf über 25000).
In Kaschmir gab es zwischen 1999 und Ende 2003 rund 4800 Opfer in der Zivilbevölkerung.

Die Zahl der Opfer (2)

„Die Nationalsozialisten ermordeten innerhalb von 12 Jahren sechs Millionen Juden, das heißt im Durchschnitt rund 1300 Menschen am Tag. Wenn wir diese Zahl mit den palästinensischen Opfern in der Zivilbevölkerung zu

Zeiten der israelischen Besetzung vergleichen, dann wird deutlich, dass Israel in 54 Jahren weniger Menschen getötet hat als die Nationalsozialisten innerhalb einer Woche."
(Joris Luyendijk, niederländischer Journalist, NRC Handelsblad, 11. Januar 2003.)

46 Ist der Vergleich von Juden mit Nationalsozialisten antisemitisch?

Auf Pro-Palästina-Demonstrationen in Europa wurden in den letzten Jahren häufig Vergleiche zwischen Juden und Nationalsozialisten und dem Davidstern, Symbol für Israel, mit dem Hakenkreuz, Symbol für den Nationalsozialismus, gezogen. „Sharon = Hitler" und „Sharon > Hitler" stand zum Beispiel im Mai 2002 auf zahlreichen Spruchbändern während einer Pro-Palästina-Demonstration. Sind solche Vergleiche antisemitisch? Natürlich darf man alles und jeden miteinander vergleichen, aber ein guter Vergleich geht auf Übereinstimmungen und Unterschiede ein. Der Vergleich zwischen Juden und Nationalsozialisten ist nicht nur in den Hauptpunkten schief, er ist eine ausgesprochene Beleidigung der Opfer des Zweiten Weltkriegs und deren Angehörigen. Es ist der Vergleich des Opfers mit seinem Henker. Weil nur selten oder nie zwischen Juden und Israelis unterschieden wird – Israel steht kollektiv für „den Juden" –, ist ein solcher Vergleich unter anderem deswegen antisemitisch. Auch viele Nichtjuden und Menschen, die sich nicht in der Politik der israelischen Regierung wiederfinden können, erleben

Der niederländische Illustrator Jos Collignon zeichnete eine palästinensische Anne Frank für die niederländische Zeitung „Volkskrant", 4. Oktober 2002.

den Vergleich – oder besser: diese Gleichstellung – von Juden und Nationalsozialisten als schockierend, verletzend und obszön. Es ist ein Vergleich, der jeden weiteren Dialog unmöglich macht. Deswegen ist er ein trauriges Symbol für die Aussichtslosigkeit des heutigen Konflikts zwischen Israel und Palästina.

Sprache

Seite 165:
Im April 2002 wurden auf einer Anti-Israel-Demo im Stadtkern Amsterdams von den Demonstranten Plakate durch die Straßen getragen, die die Politik des Staates Israel mit der des Nationalsozialismus gleichsetzten.

„Stereotype und Klischees nehmen einem die Sicht auf die Wirklichkeit. Wenn man daraufhin zum Beispiel die israelischen Medien betrachtet, fällt auf, dass sie die Sprache von Ariel Sharon in seinen schlechtesten Momenten benutzen. Ich denke dann immer: Das kann doch nicht wahr sein. Ich spreche auch mit Palästinensern und höre, was sie über uns denken. Viele von ihnen sprechen die Sprache ihrer Medien. Aufhetzung, rassistische Herangehensweise an Israel. Das Säubern der Sprache ist äußerst wichtig, um uns daran zu erinnern, dass nicht alle Israelis Besetzer und nicht alle Palästinenser Terroristen sind."
(David Grossman, israelischer Autor und aktives Mitglied in der israelischen Friedensbewegung, in einem Interview mit De Groene Amsterdammer, Mai 2002.)

SHARON
ZIJN
USA=
ZIONISME
RACISME
PALESTINA=
NU EEN GROOT

47 Ist Kritik an Israel antisemitisch?

Ein Standardthema der arabischen Karikaturen: Israel will nur Krieg und hat kein Interesse an Frieden.

Al-Ittihad (Israel), 27. November 2002

Saudi-Arabien, 3. August 2002

(www.Mahjoob.com), 8. August 2001

Natürlich ist nicht jede Kritik an Israel oder an politischen Entscheidungen der israelischen Regierung antisemitisch. Jeder kann und darf beispielsweise die Politik der jeweiligen israelischen Regierungen hinsichtlich der besetzten Gebiete ablehnen oder kritisieren. Das geschieht auch in Israel selbst. Allerdings gibt es das Problem, dass viel Kritik an Israel – vor allem in der islamischen Welt, aber auch im Westen – die Existenz eines jüdischen Staates im Allgemeinen und des heutigen Staates Israel im Besonderen grundsätzlich in Frage stellt. Für die meisten Israelis und für zahlreiche Menschen außerhalb Israels ist dies nicht hinnehmbar. Sie erfahren es so, als werde die Existenzberechtigung von Juden öffentlich in Frage gestellt, und das sehen sie als antisemitische Haltung. Es sollte jedoch theoretisch möglich sein, unterschiedliche Meinungen zu vertreten und eine sachliche Debatte über die Ausgangspunkte des Zionismus zu führen. Antizionismus ist nicht grundsätzlich antisemitisch; es gibt sogar Gruppen ultraorthodoxer Juden, die der Ansicht sind, dass Israel nicht die Verkörperung des – zionistischen Ideals ist oder es auch gar nicht sein kann. Und es gibt große Gruppen von Juden außerhalb Israels, die nicht oder nur sehr bedingt damit einverstanden sein können, wie die jeweiligen israelischen Regierungen den Zionismus interpretiert haben. In der gegenwärtigen Praxis geht allerdings viel des heutigen Antizionismus doch nahtlos in Antisemitismus über. Ganz sicher passiert dies, wenn jeder Jude, wo auch immer, auf die Politik einer Regierung angesprochen und für sie verantwortlich gemacht wird, die er oder sie überhaupt nicht hat wählen können oder wählen wollen.

115677

Niemegker Land

Herberge mit Ausschank Telefon 03 38 48 / 6 02 21 · Telefax 03 38 48 / 6 02 30

Die Rosemariesage

Ein ritterliches Paar, welches einst Burg „Rabenstein“ bewohnte, hatte eine Tochter namens Rosemarie. Die saß eines Abends, es war der Johannistag, an ihrem Fenster und sah nach Raben. Dabei bemerkte sie, wie sich die Rabener Dorfjugend bei Spiel und Tanz vergnügte. Sie verspürte immer stärker den Wunsch, bei diesem fröhlichem Treiben dabei zu sein. Rosemarie stahl sich in einfachen Kleidern in das Dorf und mischte sich unter das Volk. Sie bemerkte gar nicht, wie die Zeit verging. Plötzlich schlug es Mitternacht und vom Turm der Burg erschallten die Hörner. Das bedeutete, daß auf Rabenstein alle Tore verschlossen wurden. Das Mädchen erschrak heftig und eilte zur Burg zurück. Jedoch sie kam zu spät. Erst nach langem heftigen Klopfen wurde ihr geöffnet. Der Turmwächter, der sie einließ, meldete den Vorfall dem Ritter. Rosemarie wurde von ihren Eltern aufgefordert, in der Burgkapelle vor ihnen und allen Ahnen zu erscheinen. Hier wurde ihr die schwere Verfehlung vorgehalten und die Strafe genannt. Rosemarie werde, für jeden unsichtbar, auf den Turm verbannt. Sie soll auf dem ihr übergebenen Leinen zwölf Hemden nähen. Nach Fertigstellung der Hemden sei ihr Vergehen gesühnt und sie wieder frei. Jedoch dürfte sie nur alle fünfzig Jahre einen Nadelstich machen, es sei denn, es gelänge einem kühnen Burschen an den Außenmauern des dreißig Meter hohen Turms ohne alle Hilfsmittel hinaufzuklettern und sich mit Rosemarie zu vereinen.

Rosemarie sitzt bereits seit Hunderten von Jahren, schön und jung wie einst, jedoch unsichtbar, auf dem Turm und geht zur Mitternacht durch die Burg.

Einmal im Jahr, in der Johannisnacht, steigen die Ahnen auf, versammeln sich mit Rosemarie in der Burgkapelle und halten ihr wieder und wieder ihre Verfehlungen vor.

Spott? „Karikaturen bieten einen kürzeren Weg ins Unterbewusste als die Couch. Eine norwegische Zeitung zeigt Arafat in KZ-Kleidung hinter Stacheldraht; Scharon, in schwarzer SS-Montur, brüllt ihn (auf Deutsch) an: ‚Mütze ab!' Eine griechische zeigt zwei Israelis in Wehrmachtsuniform beim Abschlachten von Palästinensern. Sagt der eine: ‚Keine Schuldgefühle, Bruder. Wir waren nicht in Auschwitz, um zu leiden, sondern zu lernen.' Die politisch absolut korrekte Libération greift in eine noch ältere Kloake. Da steht Scharon mit Hammer und Nägeln vor einem Kreuz, darunter: ‚Kein Weihnachten für Arafat, aber zu Ostern ist er willkommen.' Das ist nicht Israel-Kritik, sondern Antisemitismus pur."
(Josef Joffe, Kommentator und Mitherausgeber der deutschen Wochenzeitung Die Zeit, im Februar 2004.)

Toleranz? „Waren Sie wütend, als Golda Meir behauptete, es gebe keine Palästinenser? Dann sollten Sie beim Hören der Unterstellung, Juden seien kein Volk, genauso wütend werden. Gegner des Zionismus erklären die Politik Israels manchmal als typisch jüdisch. Sie sind der Meinung, dass Israel sich nicht nur anders verhalten sollte, sondern dass es auch kein jüdischer Staat sein dürfe. Viele Antizionisten sind nur unter der Bedingung bereit, Juden als gleichwertig zu betrachten und antisemitische Vorurteile zu bekämpfen, dass Juden nicht länger ihren eigenen Nationalstaat bilden wollen. Juden als Volk und als Nation verdienen in ihren Augen keine Sympathie und keine Rechte, individuelle Juden wohl. [...] Dieser Standpunkt bedeutet, dass Sympathie für Juden von deren politischen Ansichten abhängt. Dies ist auch kaum ein Ausdruck der Toleranz. Er grenzt Juden wieder aus. Er ist eine Form von Antisemitismus."
(Emanuele Ottolenghi, Dozent an der Universität von Oxford, in der britischen Zeitung The Guardian, im November 2003.)

460 ES
4 VKX

Fragen 48 bis 50

Zu guter Letzt

48. Woran merkt man, ob Antisemitismus zunimmt?
49. Was versteht man unter dem „neuen Antisemitismus“?
50. Wie sieht es mit Antisemitismus in Deutschland aus?

48 Woran merkt man, ob Antisemitismus zunimmt?

Der palästinensische Zeichner Emad Hajjaj drückt in seiner Karikatur aus, dass jedes palästinensische Opfer zwei neue Freiheitskämpfer gegen Israel hervorbringt.

Eine palästinensische Mutter schützt ihre als fliegende Selbstmordattentäter dargestellten Kinder vor einem israelischen Luftangriff. Die Zeichnung des palästinensischen Zeichners Emad Hajjaj erschien am 27. August 2001 im Internet (www.Mahjoob.com).

Ob antisemitisches Gedankengut zunimmt, ist nicht leicht festzustellen. Antisemitismus ist ein Phänomen, das sehr schwer zu messen ist. Es gibt keine Standarddefinition, und der eine benutzt den Begriff weiter gefasst als der andere (siehe Frage 10). Eine fundierte Meinungsumfrage zu Vorstellungen und Auffassungen über Juden, oder zum Ausmaß, inwiefern antisemitischen Vorurteilen Glauben geschenkt wird, wird selten durchgeführt. Außerdem sagen viele Leute bei Meinungsumfragen zu sensiblen Themen nicht immer die volle Wahrheit. Sie geben dann lieber sozial verträgliche Antworten. Ein häufig benutzter Indikator, um zu beurteilen, ob Antisemitismus zu- oder abnimmt, ist der Blick auf die Anzahl der judenfeindlichen beziehungsweise antisemitischen Zwischenfälle. Hierbei geht es um Zählungen in bestimmten Zeitabschnitten und Auswertungen straffälliger Handlungen und gewalttätiger Zwischenfälle. Diese Untersuchungen werden von Sicherheitsbeamten und Sicherheitskräften anderer Organisationen gemacht. Es handelt sich um Erhebungen zu Leugnungen des Holocaust, zum Beschmieren von Synagogen und jüdischen Grabsteinen, Bedrohungen von Juden auf der Straße, Beschimpfungen von Juden im Internet, Bombendrohungen gegen jüdische Einrichtungen, (versuchte) Brandstiftung in Gebäuden jüdischer Organisationen und dergleichen. Die Zählung solcher Zwischenfälle ist ein Indikator dafür, ob Antisemitismus in der Gesellschaft zunimmt, aber auch nicht mehr als das. Die Erfahrung hat gezeigt, dass viele Zwischenfälle nicht bei der Polizei oder den Organisationen, die diese Fälle registrieren, gemeldet werden. Viele rassistische und antisemitische Gewalttaten werden nicht als solche eingestuft und „verschwinden“ in den Statistiken „normaler“ Kriminalität. Die Straftäter bleiben darüber hinaus in vielen Fällen unbekannt, wodurch nicht nur die Beurteilung ihrer Motive und Hintergründe behindert wird, sondern diese Vergehen auch sehr widersprüchlich interpretiert werden. Ein oder mehrere Täter können auch eine ganze Reihe von Übergriffen auf ihrem Gewissen haben. Auch ist das Verhalten Einzelner noch lange kein Indikator für die Verbreitung bestimmter Ansichten in der Bevölkerung. Das Sammeln und Auswerten aktueller rassistischer und antisemitischer Gewalt ist in Deutschland unter anderem Aufgabe des Bundesamtes für Verfassungsschutz und des Bundeskriminalamts. Daten von „politisch motivierter Kriminalität mit antisemitischem Hintergrund“, begangen von rechtsextremen Jugend-

Rechtsradikale auf einer Demonstration: Die Demonstranten tragen Palästinensertücher, früher ein Symbol linker Gruppen. Hier wird es von den rechten Demonstranten als Symbol für den Antizionismus getragen.

lichen, werden seit dem 1. Januar 2001 offiziell vom Kriminalpolizeilichen Meldedienst – Politisch motivierte Kriminalität (KPMD-PMK) erfasst. Aber auch universitäre Einrichtungen, wie zum Beispiel das Zentrum für Antisemitismusforschung der Technischen Universität Berlin und das European Forum for Migration Studies der Universität Bamberg, beschäftigen sich mit der Untersuchung der Berichte über heutigen Antisemitismus und Formen rassistischer Gewalt.

49 Was versteht man unter dem „neuen Antisemitismus"?

Die starke Zunahme von hassgetriebenen und gewalttätigen Übergriffen zu Anfang des 21. Jahrhunderts – „hate crimes" im Englischen – auf Juden und jüdische Organisationen wurde von einigen als „neuer Antisemitismus" bezeichnet. Diese Zunahme ist seit dem Anfang der zweiten Intifada im September 2000 zu beobachten, vor allem in vielen europäischen Ländern. Jüdische Organisationen sehen einen Zusammenhang zwischen der Zunahme der gewalttätigen Straftaten und der Änderung der öffentlichen Meinung gegenüber Israel hin zum Negativen. Einige Kommentatoren, zum Beispiel Avi Becker, Generalsekretär des World Jewish Congress, meinen aber, dass „eine neue Welle des Antisemitismus seit dem Ende es Zweiten Weltkriegs nicht mehr vorgekommen ist". Der Anstieg judenfeindlicher Straftaten in Europa wird von einigen Experten muslimischen Immigranten aus Nordafrika und dem Mittleren Osten zur Last gelegt sowie dem starken Einfluss des arabischen Satelliten-

Seite 173: *Ein klassisches antisemitisches Motiv: Juden werden als Terroristen dargestellt. Diese Karikatur erschien vor 100 Jahren in Russland und ist für den Nahen Osten heute noch aktuell.*

Titelseite einer Nummer des russischen antisemitischen Wochenblattes „Pluvium“. 1907

fernsehens auf die Jugendlichen. Die Zunahme judenfeindlicher Vorfälle in einer Reihe von Ländern steht außer Frage, aber die Gründe und die Brauchbarkeit des Begriffs „neuer Antisemitismus“ sind sehr umstritten. Kann man tatsächlich von einer „neuen Welle“ des Antisemitismus sprechen, oder geht es eher um stark zunehmende Kritik an Israel, die teilweise antisemitisch ist? Existiert antisemitisches Gedankengut in Europa vor allem unter Muslimen, die ihre Sympathie für die Palästinenser in Antipathie gegen alles Jüdische äußern, oder ist dieses Denken viel weiter verbreitet? Und wie neu (oder wie alt) ist der „neue Antisemitismus“? Das sind Fragen, über die es viele verschiedene Meinungen und Ansichten gibt.

Antisemitisch?

Ariel Scharon als Terrorist, Cowboy und Nazi. Al-Ahram (Ägypten), 15. Juni 2002.

„Es ist schwer, zu beurteilen, inwieweit die neue Welle von Judenfeindlichkeit, die ihren Ursprung im Mittleren Osten hat, antisemitisch ist. Wenn Juden sich als Juden mit Israel identifizieren, öffentlich und in großem Maße, dann neigt die feindliche Haltung gegenüber Israel in eine feindliche Haltung gegenüber allen Juden überzugehen. Das ist nicht gerechtfertigt; es ist nie gerechtfertigt, alle Mitglieder einer religiösen oder ethnischen Gruppe auf einen Haufen zu werfen und das Individuelle im Kollektiven verschwinden zu lassen. Dass alle Juden Zionisten sind, dass sich alle Juden mit Israel identifizieren, oder dass alle Juden, die sich mit Israel identifizieren, auch die von Israel ausgegangenen Taten gutheißen, ist eine falsche Vorstellung. Doch dieser falsche Gedankengang muss nicht nur auf dem antisemitischen Vorurteil basieren, Juden würden eine geschlossene Gruppe bilden, die immer als Einheit operiert, sondern kann auch auf der allzu schnell getroffenen Verallgemeinerung der tatsächlichen Beziehung zwischen Israel und dem Judentum basieren. Eine allzu schnell getroffene Verallgemeinerung ist vielleicht zu missbilligen, aber sie ist nicht antisemitisch.“
(Brian Klug, Professor für Philosophie an der Universität Chicago, in der englischen Zeitschrift Patterns of Prejudice, Juni 2003.)

Neu?

„Ich muss zugeben, dass ich nicht glücklich mit dem Begriff ‚neuer Antisemitismus‘ bin. Antisemitismus ist, wie der London Jewish Chronicle es in einem redaktionellen Kommentar ausdrückte, ‚ein leichter Schläfer‘, also leicht zu wecken. Er wird oft mit einem Virus umschrieben, ein Virus, das viele Formen annehmen kann. Genau wie ein Krankheit erregendes

Virus in einem menschlichen Körper ist Antisemitismus im Stande, sehr opportunistisch zu mutieren, um so die Verteidigungsmechanismen, die zur Abwehr aufgebaut waren, zu besiegen. Das hat es schon mehrere Male getan, sogar in Ländern, in denen die jüdische Bevölkerung nach dem Holocaust praktisch unsichtbar geworden war. Und dies passiert nun erneut."
(Ruth Ellen Gruber, amerikanische Journalistin in Europa, auf einer Konferenz über Antisemitismus in Amsterdam, 2003.)

Sicher? „In Europa ist es nicht besonders sicher, wenn man ein Jude ist. Wie kommt das? Der Grund ist nicht sehr schwer zu finden. Wir sehen einen unterdrückten Antisemitismus, der nun mit Israel als ‚trigger' erweckt wird. Dieser Antisemitismus ist mehr als 1000 Jahre alt und hat im großen Ausmaß die europäische Geschichte infiziert und bestimmt. Nicht so sehr der heutige Antisemitismus ist verwunderlich, sondern seine Abwesenheit in den letzten 50 Jahren. Das war die historische Anomalie. Die Scham über den Holocaust hat den Geist 50 Jahre lang in der Flasche gehalten. Aber jetzt ist die Buße vorbei und der Geist ist aus der Flasche."
(Charles Krauthammer, Kolumnist der amerikanischen Zeitung The Washington Post, April 2002.)

Übertrieben? „Die so genannte Wiederbelebung des Antisemitismus kommt mir paranoid und übertrieben vor. Allen objektiven Kriterien nach hat es der moderne, assimilierte und größtenteils erfolgreiche Jude in der westlichen Welt noch nie so gut gehabt wie jetzt. Wir dürfen Antisemitismus nie als selbstverständlich hinnehmen. Aber heutzutage ist es ein Stück einfacher und ein Stück sicherer, Jude zu sein als Muslim, Schwarzer oder Asylsuchender aus Osteuropa."
(Rabbi David Goldberg in der britischen Zeitung The Guardian, 26. Januar 2002.)

Stopp! „Stopp! Stoppt die Krankheit, die schon so lange andauert. Stoppt das Gift, damit es sich nicht länger ausbreitet. Ich bin ein Jude einer traumatisierten Generation. Wir haben Antennen. Oder besser: Wir sind Antennen. Wenn wir erklären, wir fangen Signale auf, die beunruhigend sind, [...] dann sollten die Menschen uns zuhören."
(Elie Wiesel, Autor und Friedensnobelpreisträger auf der OSZE-Konferenz gegen Antisemitismus in Berlin, 2004.)

50 Wie sieht es mit Antisemitismus in Deutschland aus?

Einen Indikator dafür, dass Antisemitismus in Deutschland im ersten Jahrzehnt des 21. Jahrhunderts noch immer ein großes gesellschaftliches Problem ist, findet man in den Zahlen des Kriminalpolizeilichen Meldedienstes – Politisch motivierte Kriminalität. Zwischen 2001 und 2005 registrierte diese Dienststelle im Jahr durchschnittlich 1 450 antisemitische kriminelle Straftaten (mit einer Ausnahme im Jahr 2005: Hier waren es 1 682 Fälle). Ein Großteil waren nichtgewalttätige Straftaten (2004 gab es 22 Misshandlungen). Nichtsdestotrotz ist dies angesichts der kleinen Größe der jüdischen Bevölkerung in Deutschland eine außergewöhnlich hohe Zahl krimineller Vorfälle. Außerdem handelt es sich hierbei ausschließlich um Straftaten rechtsextremer Jugendlicher. Ein anderer Indikator für das Ausmaß des heutigen Antisemitismus sind die Untersuchungen des Frankfurter Sigmund-Freud-Instituts und der Universität Leipzig, die 2002 veröffentlicht wurden. Die Forscher stellten fest, dass sich 36 Prozent der Befragten ausgesprochen antisemitisch äußerten. Dies entsprach einer Erhöhung um fünf Prozent im Vergleich zu einer ähnlichen Umfrage im Jahr 1999. Auch andere Meinungsumfragen verzeichnen eine steigende Zahl Deutscher, die eine ausgesprochen negative Meinung von Juden haben. Über diese und andere Zahlen zu Antisemitismus gibt es unter Wissenschaftlern und anderen Fachleuten sehr viele Diskussionen, zum Beispiel: Wurde die Untersuchung richtig durchgeführt? War die Stichprobe repräsentativ? Waren die Wortwahl und der Inhalt der Fragen angemessen, um das Thema zu untersuchen?

Für die Wiedergabe dieser Diskussionen reicht der Platz in diesem Buch nicht aus, wohl aber für die Feststellung, dass Antisemitismus schwer in Zahlen (und Definitionen) zu fassen ist. Wie bereits an anderer Stelle schon festgestellt wurde: Antisemitismus ist ein vielseitiges Phänomen, ein mehrköpfiges Ungeheuer. Der israelische Publizist Uri Avneri fand 2004 vielleicht die treffendste Beschreibung. In einem Artikel schrieb er: „[…] Antisemiten hassen Juden, weil sie Juden sind, losgelöst von dem, was sie tun. Juden wurden gehasst, weil sie reich und protzig sind, oder weil sie arm und schmutzig waren. Sie wurden gehasst, weil Juden eine wichtige Rolle in der russischen Revolution gespielt haben oder weil andere Juden nach dem Fall des Kommunismus steinreich waren. Weil sie Jesus ermordet haben oder weil sie die westliche Kultur mit einer ‚verweichlichten christlichen Moral des Mitleids' angegriffen haben. Weil sie kein Vaterland haben oder weil sie den Staat Israel gegründet haben. Das liegt im Wesen jeder Form von Rassismus und Chauvinismus. Man hasst jemanden, weil er oder sie ein Jude, ein Araber, eine Frau, schwarz, Indianer, Moslem oder Hindu ist. Ihre persönlichen Eigenschaften, Taten und Leistungen spielen keine Rolle. Wenn sie einer verabscheuten Rasse, Religion oder Geschlechtes angehören, wurden sie gehasst."
Das ist die Geschichte des Antisemitismus in Kurzform.

Das „Denkmal für die ermordeten Juden Europas" (kurz: Holocaust-Mahnmal) wurde am 10. Mai 2005 feierlich eröffnet. Bereits im ersten Jahr kamen 3,5 Millionen Besucher aus aller Welt.

Glossar

Antike
Im engeren Sinne auch klassische Antike genannt: Geschichte der alten Griechen und Römer (ab etwa 1200 vor Christus). Im weiteren Sinne: Geschichte Ägyptens, Mesopotamiens (ab etwa 3500 v. Chr.).

Arabische Welt
Teil des Mittelmeerraums und des Mittlern Ostens, in dem überwiegend Arabisch gesprochen wird. Die weitreichenden arabischen Eroberungen im 7. Jahrhundert hatten eine große Verbreitung des Islam und der arabischen Sprache zur Folge.

Armengesetz
Äußerst umstrittenes Gesetz, das 1834 in Großbritannien vom Parlament verabschiedet wurde. Das Armengesetz (Poor Law) besagte unter anderem, dass arme, aber gesunde Menschen keine finanzielle Hilfe bekamen, sondern in so genannten Arbeitshäusern leben und hier ihren Lebensunterhalt durch gemeinnützige Arbeit sichern mussten.

Assyrisches Reich
Großes und mächtiges Reich im Mittleren Osten des 14. bis 7. Jahrhunderts vor Christus. Das damalige Kernland der Assyrer war der Nordosten des heutigen Iraks.

Aufklärung
Zeitalter der europäischen Kulturgeschichte (ca. 18. Jahrhundert). Die Kerngedanken der Aufklärung zeichnen sich durch Rationalismus und eine vorurteilsfreie Haltung aus. Baruch de Spinoza wird als einer der Wegbereiter der Aufklärung angesehen.

Babylonisches Reich
Das Babylonische Reich lag zwischen den Flüssen Euphrat und Tigris. Die Babylonier führten viele Auseinandersetzungen mit den Assyrern. Unter König Nebukadnezar II. (605–562 v. Chr.) erlebte das Babylonische Reich seine größte Blüte.

Besetzte Gebiete
So werden die Gebiete genannt, die Israel 1967 von seinen Nachbarländern eroberte. Anno 2004 waren das: das westliche Jordanufer, der Gazastreifen, Ostjerusalem und die Golanhöhen. Der Begriff „besetzte Gebiete" ist umstritten. Viele Israelis sprechen lieber von den „eroberten Gebieten". Die Bevölkerung dieser Gebiete sind zum allergrößten Teil Palästinenser.

Erster Weltkrieg
Der Erste Weltkrieg gilt als der erste „moderne" Krieg in Europa und dem Mittleren Osten zwischen den Alliierten (Frankreich, Großbritannien, Russland und später auch die Vereinigten Staaten) auf der einen Seite und auf der anderen Seite Deutschland und Österreich-Ungarn. Der Erste Weltkrieg dauerte von 1914 bis 1918, es gab mehr als 10 Millionen Tote und 20 Millionen Verwundete.

Französische Revolution
Sozialer Umbruch in Frankreich Ende des 18. Jahrhunderts (1789–1799). Der König wurde gestürzt und stattdessen die Demokratie eingeführt und die Republik ausgerufen. Die Französische Republik war sehr gewalttätig und radikal. Napoleon Bonaparte beendete die Revolution.

Freimaurer
Geschlossene Bruderschaft mit humanistischen Idealen. Freimaurer gibt es in der ganzen Welt, sie sind aber in jedem Land eigenständig organisiert in so genannten Logen.

Fünfte Kolonne
Eine heimlich, subversiv tätige Organisation, die von einem anderen Land aus operiert, um eine militärische Invasion vorzubereiten, oder andere politische Ziele verfolgt.

Habsburgisches Reich
Vielvölkerstaat unter der Herrschaft eines Kaisers aus dem Habsburger Geschlecht. Österreich-Ungarn war das Zentrum des Habsburgischen Reichs, die Hauptstadt war Wien. Der Erste Weltkrieg war das Ende des Habsburgischen Reichs.

Hisbollah
Eine Gruppe schiitischer Militanter im Libanon, die gegen die Israelis kämpfen. Die Hisbollah ist eine wichtige politische Kraft im Libanon und wird vom Iran unterstützt. Der Name Hisbollah bedeutet „Partei Gottes".

Glossar

Hostie
Dünne Brotscheibe aus ungesäuertem Weizenmehlteig. In der katholischen Kirche ist die von einem Priester geweihte Hostie Symbol des Körpers Christi. Sie wird während des Gottesdienstes beim Abendmahl (Eucharistie) ausgeteilt.

Inquisition
Wortwörtlich übersetzt: (Glaubens-) Prüfung. Eine Einrichtung der katholischen Kirche, um Ketzer, später auch Hexen, aufzuspüren und zu strafen. Die Inquisition gab es seit dem 12. Jahrhundert in mehreren europäischen Ländern.

Israelischer Tempel
Tempel (Haus Gottes), den König Salomo in Jerusalem errichten ließ. 586 vor Christus von Nebukadnezar, dem König Babyloniens, zerstört. Der unter Herodes dem Großen, 25 vor Christus, erneut errichtete Tempel wurde im Jahre 70 von römischen Legionen abermals zerstört. Die Klagemauer, zu der viele Juden pilgern, um zu beten, ist das letzte Überbleibsel des Tempels.

Kapitalismus
Gesellschaftliches und wirtschaftliches System nach dem Prinzip der freien Marktwirtschaft. Zur zunehmenden Entfaltung kam der Kapitalismus seit der Industrialisierung im 18. und 19. Jahrhundert. Als Gegenstück zum Kapitalismus wird der Kommunismus gesehen, bei dem der Staat die wichtigste Stimme in der Wirtschaft hat.

Kolonialismus
Die Besetzung von Gebieten außerhalb Europas durch europäische Staaten aus wirtschaftlichen oder strategischen Gründen. Die Entdeckung Amerikas war der Anfang des Kolonialismus. Ab dem 18. Jahrhundert wurden viele Kolonien vom Mutterland aus aktiv regiert. Nach dem Zweiten Weltkrieg erlangten fast alle Kolonien ihre Unabhängigkeit.

Kreuzzüge
Feldzüge, die westliche christliche Krieger im Mittelalter unternahmen, um die heiligen Stätten in Palästina von den Muslimen zurückzuerobern. Die Kreuzzüge fanden zwischen dem 11. und 13. Jahrhundert statt und wurden von der katholischen Kirche organisiert und unterstützt.

Mittelalter
Zeitalter der europäischen Geschichte. Das Mittelalter liegt zwischen der Antike und der Neuzeit und umfasst die Zeit zwischen 500 bis circa 1500 nach Christus.

Niederländische Antillen
Sechs Inseln in der Karibik, die zum Königreich der Niederlande gehören: Aruba (hat innerhalb der Statuten des Königreichs einen „Status aparte"), Bonaire, Curaçao, Saba, Sint Maarten (der niederländische Teil der Insel) und Sint Eustatius.

Oktoberrevolution
Politischer Umsturz in Russland im Jahre 1917; Gründung der Sowjetunion. Während der Revolution wurde zuerst der Zar abgesetzt (Februarrevolution), und danach ergriffen die Kommunisten die Macht (Oktoberrevolution). Bis 1922 wütete in Russland ein blutiger Bürgerkrieg.

Ostblock
Ländergruppe in Zentral- und Osteuropa, die früher unter dem Einfluss der Sowjetunion standen. Außer der (ehemaligen) Sowjetunion werden unter anderen auch Polen, Tschechien, Ungarn, die Slowakei, Rumänien und Bulgarien zum Ostblock gezählt.

OSZE
Abkürzung für Organisation für Sicherheit und Zusammenarbeit in Europa. Die Mitglieder der OSZE sind alle europäischen Länder, aber auch die Vereinigten Staaten von Amerika, Kanada und die Nachfolgestaaten der Sowjetunion. Der Sitz der OSZE ist in Wien. Gegründet wurde die Organisation 1995, bereits seit 1975 gab es regelmäßige Konferenzen.

Ottomanisches Reich
Auch: Osmanisches Reich. Bezeichnung für das türkische Reich, bevor 1922 die türkische Republik ausgerufen wurde. Das Osmanische Reich stand unter der Leitung einer Sultandynastie aus dem Haus der Osmanen.

Glossar

Das Osmanische Reich bestand jahrhundertelang und umfasste große Teile des Mittelmeerraums und des Mittleren Ostens. Die Hauptstadt war Konstantinopel (jetzt Istanbul).

Persisches Reich
Großes Reich des Mittleren Ostens in der Antike. Das alte Persische Reich gründete sich in der Zeit circa 560 vor Christus und endet Mitte des 7. Jahrhundert durch die Eroberung der Araber. Persien ist der alte Name für den Iran. Im Mittelalter sind neue persische Reiche entstanden.

Pieds noirs
Spitzname für die französischen Kolonialisten (und ihre Nachfahren) in Algerien, das bis 1962 französische Kolonie war. Nach der Unabhängigkeit Algeriens sind viele „Pieds noirs" nach Frankreich gezogen. „Pieds noirs" heißt wörtlich übersetzt „schwarze Füße" und bezieht sich auf die schwarzen Stiefel der französischen Soldaten.

Renaissance
Kulturzeitraum der europäischen Geschichte (ca. 1350 –1600). In der Renaissance wurde die klassische Antike wiederentdeckt. Die Renaissance wird als das Ende des Mittelalters angesehen.

Römisches Reich
Das Gebiet, das während der Antike unter römischer Herrschaft stand. Das Römische Reich bestand vom 3. Jahrhundert vor Christus bis 476 nach Christus und umfasste zu Beginn der christlichen Zeitrechnung große Teile Europas, des Mittleren Ostens und Nordafrikas.

Sueskanal
Schifffahrtsstraße in Ägypten zwischen dem Mittelmeer, dem Golf von Sues und dem Roten Meer. Als der ägyptische Präsident Nasser 1956 den Sueskanal nationalisierte, entstand ein internationaler Konflikt, in den auch Israel, Frankreich und Großbritannien verwickelt waren. Die NATO konnte einen weitreichenden Krieg verhindern.

Tempelberg
Berg in Jerusalem, auf dem der Tempel Salomos, bzw. der später von König Herodes wieder aufgebaute Tempel, gestanden hat. Auf dem Tempelberg steht auch die Al-Aksa Moschee. Der Tempelberg ist für Juden, Moslems und Christen eine heilige Stätte.

Tenach
Tenach ist der jüdische Name für den Teil der Bibel, den die Christen Altes Testament nennen. Der Tenach besteht aus der Thora (die Bücher Moses), den Nev'im (Propheten) und den Ketuvim (Schriften).

Vernichtungslager
Konzentrationslager, die die Nazis während des Zweiten Weltkrieges hauptsächlich in Polen errichtet hatten, um Menschen, insbesondere Juden, zu ermorden. Die größten Vernichtungslager waren: Auschwitz-Birkenau, Treblinka, Majdanek, Sobibor und Belzec.

Zarathustra
Auch: Zoroaster. Gründer einer alt-persischen Religion. Im heutigen Iran und in Indien gibt es noch einige Zehntausend Anhänger dieser Religion, deren wichtigste Grundsätze gute Gedanken, gute Worte und gute Taten sind.

Zweiter Weltkrieg
Der Zweite Weltkrieg begann 1939 und endete 1945. In Europa fing der Krieg mit dem Einmarsch der Deutschen in Polen an. Während des Zweiten Weltkriegs wurden in Europa von den Nazis mehrere Millionen Juden in Vernichtungslagern ermordet.

Zwölf Stämme Israels
Die Zwölf Stämme Israels sind nach den zwölf Söhnen Jakobs benannt (siehe Frage 1): Ruben, Simeon, Levi, Juda, Sebulon, Issaschar, Dan, Gad, Ascher, Naftali, Josef und Benjamin. Außer dem Stamm Levis (dem Stamm der Priester), hatte jeder Stamm in Israel ein eigenes Gebiet.

Bildnachweis

Die Fotografien und Illustrationen, die in diesem Buch erschienen sind, wurden mit Genehmigung folgender Organisationen und/oder Personen abgedruckt:

Alt, Rudolf von: Judentempel in der Leopoldstadt (1860), © wikipedia.de, S. 109

Andersen, Hans (1999), © wikipedia.de, S. 160

Anderson, Thorne/Corbis, S. 159

Antisemitische Karikatur (1873), © wikipedia.de, S. 71

Bar-Am, Micha/Magnum, S. 11

Barbey, Bruno/Magnum, S. 114

Becker, Johannes, © pixelio.de, S. 145

Bellini, Giovanni: Polyptychon des Heiligen Vinzenz Ferrer (1465), © wikipedia.de, S. 99

Benoist, Jean-Christophe, © wikipedia.de, S. 28

Bettman/Corbis, S. 102

Bibliothèque de Verdun, Frankreich, S. 74

Braingotts, © wikipedia.de, S. 25

Brandstädter, C. C. (1904), © wikipedia.de, S. 144

Brauns, Jörn, © wikipedia.de, S. 121

Bremmer, Marius, S. 92

Budel, Bram, S. 165

Bundesarchiv, Koblenz, Deutschland, S. 132/133

Cohen, Julie-Marthe, Collection Joods Historisch Museum, Amsterdam, S. 52

Collection Anne Frank House (Anne Frank Haus), Amsterdam, Niederlande, S. 125 oben

Collection NIOD (Niederländisches Institut für Kriegsdokumentation), Amsterdam, S. 119, 121, 125 unten

Collingnon, Jos, De Volkskrant (Holländische Zeitung), S. 164

Corbis, S. 34

Cranach, Lucas: Martin Luther, 1529, © wikipedia.de, S. 89

Cruikshank, George, © wikipedia.de, S. 61

Derwig, Jan, S. 123

Deutsches Historisches Museum, Berlin, Deutschland, S. 20/21

Die Passion Christi (Mel Gibson, USA, 2004), S. 67

dpa, Exodus, S. 146

dpa, Israel: Jerusalem – Druse, S. 155

Dürer, Albrecht: Aus: Die vier Apostel. © wikipedia.de, S. 83

Fuchs, Eduard: Die Juden in der Karikatur (München, 1921), S. 41, 65, 128, 173

Frank, Shershel/Nationale Fotosammlung, Israel, S. 149

Franken, Owen/Corbis, S. 178

Frayer, Kevin/AP Photo, S. 14/15

Gemeentearchief, Amsterdam, S. 72

Hartmann, Erich/Magnum, S. 34

Henseler, Gerald, © pixelio.de, S. 154

Het Augustijns Instituut, Eindhoven, Niederlande, S. 88

Hulton-Deutsch Collection/Corbis, S. 36/37

Israel Ministry of Foreign Affairs, S. 144 unten

Jüdisches Museum, Frankfurt, Deutschland, S. 49

Karpiński, Józef Jerzy, © wikipedia.de, S. 123

Kayhan, Iran, S. 104

Latuff, Carlos, S. 161

LAIF/Hollandse Hoogte (Fotoagentur), S. 136/137

Landsberg, Herrad von, © wikipedia, S. 57

Loo, Godfried van, © fotolia.de, S. 177

Majoob.org, S. 170

MEMRI.org, S. 66, 101, 149, 161, 166, 174

Merian, Matthäus (der Ältere), © wikipedia.de, S. 49

Ministerium für Kultur und Tourismus, Ankara, Türkei, S. 115

Passionsspiel 2000, Oberammergau, Deutschland, S. 68

Peters, Marek: Neonazis mit antisemitischen Transparent, S. 171

Rubens, A.: A History of the Jewish Costume (London, 1975), S. 52

Sammlung Wolfgang Haney/Katalog: Abgestempelt, S. 41

Scholem, Gershom, Sabbatai Sevi (Princeton, 1973), S. 116

Scianna, Ferdinando/Magnum, S. 27

Stadtchronik Wien, Cerlag Christian Brandstädter (1904), S. 144

Steele-Perkins, Chris/Magnum, S. 168

The Jewish Museum of Turkey, Istanbul, S. 116

The National Gallery, London: The Virgin adoring the Child, S. 91

The New York Public Library, New York, S. 32/33

The Saint Michael and Gudula Cathedral, Brüssel, Belgien, S. 57

The Warburg Institute, London, S. 61

Thorvaldsens Museum, Kopenhagen, Dänemark, S. 96/97

Trimberg, Süßkind von, © wikipedia.de, S. 51

Turnly, David/Corbis, S. 11

Unbekannt, © wikipedia.de, S. 76

Unbekannt: Der Prophet Daniel, © wikipedia.de, S. 84

Unbekannt, © wikipedia.de, S. 89

Unbekannt, © wikipedia.de, S. 103

Unbekannt, © wikipedia, S. 110

Unbekannt, © wikipedia, S. 123 unten

Unbekannt, © wikipedia, S. 126

Unbekannt, © wikipedia, S. 130

Unbekannt, © wikipedia, S. 141

Unbekannt, © wikipedia, S. 151

Unbekannt, © wikipedia, S. 156

Vashem, Yad, S. 118

Wells, Daniel H./Corbis, S. 158

Wiener Collection, Elias Sourasky Central Library, Tel Aviv University, S. 18, 43, 44, 59, 63, 95, 127

Zachmann, Patrick/Magnum, S. 178

Trotz aller Bemühungen konnten nicht alle Urheber des Bildmaterials ermittelt werden. Ebenso können Ungenauigkeiten oder Fehler nicht vollständig ausgeschlossen werden. Wir bitten gegebenenfalls um Mitteilung.

Verwendete Literatur

Eposito, John L.:
Everybody Needs to Know About Islam.
Oxford: Oxford University Press, 2002.

Gans, Evelien:
Gojse nijd en joods narcisme
(Nicht-jüdischer Neid und Jüdischer Narzissmus).
Amsterdam: Platina, 1994.

Gresh, Alain; Vidal, Dominique:
The New A–Z of the Middle East.
London: I.B. Taurus, 2004.

Hellig, Jocelyn:
The Holocaust and Antisemitism: A Short History.
Oxford: Oneworld Publications, 2003.

Israel, Jonathan I.:
De joden van Europa 1550–1750.
Franeker: Uitgeverij van Wijnen, 2003. (Englische Originalfassung: European Jewry in the Age of Mercantilism 1550–1750.)

Jansen, Hans/Anne Frank House: **Antisemitisme, een geschiedenis in beeld.** (Englische Ausgabe: Anti-Semitism – A History Portrayed.) Amsterdam: Anne Frank House, 1989.

Kertzer, David:
The Popes Against the Jews
New York: Alfred A. Knopf, 2001.

Lapidus, Ira:
A History of Islamic Societies. 2. Auflage
Cambridge: Cambridge University Press, 2002.

Laqueur, Walter; Baumel, Judith Taylor (Hrsg.):
The Holocaust Encyclopedia.
New Haven: Yale University Press, 2001.

Lewis, Bernard:
The Jews of Islam.
Princeton: Princeton University Press 1984.

Lewis, Bernard:
Semites and Anti-Semites: An Inquiry into Conflict and Prejudice
New York: Norton, 1986.

Lindemann, Albert S.:
Esau's Tears – Modern Anti-Semitism and the Rise of the Jews.
Cambridge: Cambridge University Press, 1997.

Lochery, Neil:
Why Blame Israel?
London: Icon Books, 2004.

Musaph-Andriesse, R.C.:
Wat na de Tora kwam.
Rabbijnse literatuur van Tora tot Kabbala.
Baarn: Uitgeverij Ten Have bv, 1985. (Veröffentlicht in Englisch unter: From Torah to Kaballah: a basic introduction to the writings of Judaism).

Oord, Ad van den:
Allochtonen van nu & de oorlog van toen.
(Minoritäten in den Niederlanden heute und während des 2. Weltkrieges.)
Den Haag: FORUM/Amsterdam: NIOD, 2004.

Prager, Dennis; Telushkin, Joseph: **Why the Jews? The Reason for Anti-Semitism.**
New York: Simon & Schuster, 2003.

Literatur- & Linktipps

Literaturtipps

Werner Bergmann:
Geschichte des Antisemitismus.
C. H. Beck, 2002.
ISBN 978-3-4064-7987-8

Bildungsteam Berlin-Brandenburg e. V./tacheles reden! e. V. (Hrsg.):
Woher kommt Judenhass? Was kann man dagegen tun?
Ein Bildungsprogramm.
Verlag an der Ruhr, 2007.
ISBN 978-3-8346-0158-2

Michael Brenner:
Geschichte des Zionismus.
München, 2002.
ISBN 978-3-4064-7984-7

Bernd Fechler:
Neue Judenfeindschaft?
Perspektiven für den pädagogischen Umgang mit dem globalisierten Antisemitismus.
Campus, 2006.
ISBN 978-3-5933-8183-1

Saul Friedländer:
Das Dritte Reich und die Juden.
Die Jahre der Verfolgung 1933–1939. Beck, 2007.
ISBN 978-3-406-56681-3

Saul Friedländer:
Das Dritte Reich und die Juden.
Bd. 2, Die Jahre der Vernichtung 1939–1945. Beck, 2006.
ISBN 978-3-406-54966-3

Michael Gallagher:
In den Schlagzeilen: Israel und Palästina. Fakten und Hintergründe.
Verlag an der Ruhr, 2005.
ISBN 978-3-8607-2981-6

Helmut Gold, Georg Heuberger (Hrsg.):
Abgestempelt. Judenfeindliche Postkarten.
Umschau Buchverlag, 2001.
ISBN 978-3-8295-7010-7

Uri Kaufmann:
Kleine Geschichte der Juden in Europa.
Cornelsen Scriptor, 2003.
ISBN 978-3-589-21674-1

Diana Sprick:
In den Schlagzeilen: Israel und Palästina. Arbeitsmaterialien.
Verlag an der Ruhr, 2005.
ISBN 978-3-8607-2908-9

Markus Tiedemann:
„In Auschwitz wurde niemand vergast."
60 rechtsradikale Lügen und wie man sie widerlegt.
Verlag an der Ruhr, 1998.
ISBN 978-3-8607-2275-6

Linktipps

www.lernen-aus-der-geschichte.de
Das Webportal veröffentlicht fortlaufend ausgewählte Projekte aus Schulen, Gedenkstätten und Einrichtungen der historisch-politischen Bildung zu den Themen Nationalsozialismus, Holocaust, Zweiter Weltkrieg oder Menschenrechte.

www.hagalil.com
Die Seite des Vereins haGalil e.V. enthält viele Informationen zu den Bereichen jüdische Geschichte, Kultur, Religion sowie Schoah, Antisemitismus und Rechtsextremismus.

www.shoa.de
Das Portal der gemeinnützigen Initiative shoa.de widmet sich der wissenschaftlich-didaktischen Auseinandersetzung mit den Themen Drittes Reich, Antisemitismus und Holocaust und deren Einfluss auf die Gegenwart.

www.verlagruhr.de
Die in diesem Werk angegebenen Internetadressen haben wir geprüft (Stand Mai 2008). Da sich Internetadressen und deren Inhalte schnell verändern können, ist nicht auszuschließen, dass unter einer Adresse inzwischen ein ganz anderer Inhalt angeboten wird. Wir können daher für die angegebenen Internetseiten keine Verantwortung übernehmen.